XIAOXUE JIAOCAITONGBU
GUSHIWENJIPING

小学教材同步古诗文集评

陈　军 主编

上海辞书出版社

顾问和编委名单

顾　问

陈引驰　复旦大学

陈明洁　华东师范大学

主　编

陈　军　上海市市北中学

常务副主编

王　林　上海市闵行区教育学院

副主编

（按姓氏笔画为序）

乐燎原　上海交通大学附属中学

成　龙　华东师范大学第二附属中学紫竹校区

余勇超　江西省婺源县清华中学

范　飚　上海市教委教研室

杭起义　浙江省杭州市采荷中学（教育集团濮家校区）

谈永康　上海市松江区教育学院

曹　刚　上海市教委教研室

韩立春　上海市市北中学

彭　音　上海市北虹高级中学
韩立春　上海市市北中学
程夕琦　上海市市北中学
缪黎明　上海市闵行区北桥中学

前　言

“集评”是很见学识的一项研究工作。不过，我们给中小学语文教材中的古诗文课文做“集评”，还谈不上研究，只是当一回搬运工，把为大家所公认的一些名家观点稍加整理，集合于此，献给同学们。

即便是搬运工也不好当。搬正确的，不要搬错误的；搬完整，不要有缺失；搬的内容杂一些，不要单一化。这些是我们编写时的自我要求，是否做到了，不敢说，敬请读者教正。

为什么要这样“搬”呢？把名家的鉴赏观点“集”于此，目的是什么呢？一言以蔽之，就是为同学们学习古诗文提供比较简明的精准解释与鉴赏“洞见”。关于古诗文的解注可谓多矣，真是汗牛充栋。中小学生的学习时间非常紧张，怎样以少胜多地学，巧妙地学；怎样“杂”中取“纯”，“错”中取“正”，“繁”中取“简”，相信同学们在使用本书过程中，一定在这方面有明显收获。

需要强调的是，本书顺着名家解读的思路，紧扣中小学语文测试的要求，编写了专项训练题目。读古诗文的目的，自然不是为了考试；但用考试的方法来测量我们读古诗文的收获，则是必要的。因此，建议同学们一边读“集评”，一边思考问题，一边做练习。

这里，我要感谢复旦大学陈引驰教授和华东师范大学陈明洁教授对于本书的编写予以切实的学术指导，感谢王林老师等各位副主编仔细审校统稿，感谢我的语文学科德育实训基地每一位成员的共同努力，感谢韩立春老师协助我处理了很多事务。

总之，让我们一起，在“读”“思”“练”的过程中，得到中华优秀传统文化的滋养，立德树魂，从而更好地成长，更独立地走向世界，走向未来，走向现代化。

陈　军

2022 年元旦于市北中学

目 录

· 教材同步 ·

江　南	汉乐府 1	望洞庭	刘禹锡 37
静夜思	李　白 3	绝句二首（其一）	杜　甫 39
池　上	白居易 5	惠崇春江晚景	苏　轼 41
小　池	杨万里 7	三衢道中	曾　几 43
登鹳雀楼	王之涣 9	元　日	王安石 45
望庐山瀑布	李　白 11	清　明	杜　牧 47
夜宿山寺	李　白 13	九月九日忆山东兄弟	王　维 49
敕勒歌	北朝民歌 15	暮江吟	白居易 52
村　居	高　鼎 18	题西林壁	苏　轼 54
咏　柳	贺知章 20	雪　梅	卢　钺 56
晓出净慈寺送林子方	杨万里 22	出　塞	王昌龄 58
绝　句	杜　甫 24	凉州词	王　翰 60
山　行	杜　牧 27	夏日绝句	李清照 63
赠刘景文	苏　轼 29	四时田园杂兴（其二十五）	范成大 65
夜书所见	叶绍翁 31	宿新市徐公店	杨万里 67
望天门山	李　白 33	清平乐·村居	辛弃疾 69
饮湖上初晴后雨	苏　轼 35	芙蓉楼送辛渐	王昌龄 71

塞下曲 卢 纶 74
墨 梅 王 冕 76
示 儿 陆 游 78
题临安邸 林 升 80
己亥杂诗 龚自珍 82
山居秋暝 王 维 84
枫桥夜泊 张 继 86
长相思 纳兰性德 88
四时田园杂兴（其三十一） 范成大 90
稚子弄冰 杨万里 92
村 晚 雷 震 94
从军行 王昌龄 96
秋夜将晓出篱门迎凉有感 陆 游 99
闻官军收河南河北 杜 甫 102
宿建德江 孟浩然 105
六月二十七日望湖楼醉书五绝（其一） 苏 轼 107
西江月·夜行黄沙道中 辛弃疾 109
浪淘沙 刘禹锡 111
江南春 杜 牧 113
书湖阴先生壁 王安石 115
寒 食 韩 翃 117
迢迢牵牛星 《古诗十九首》119
十五夜望月寄杜郎中 王 建 121
马 诗 李 贺 123
石灰吟 于 谦 125
竹 石 郑 燮 127
采薇（节选） 《诗经·小雅》129
送元二使安西 王 维 131
春夜喜雨 杜 甫 133
早春呈水部张十八员外 韩 愈 135
江上渔者 范仲淹 137
泊船瓜洲 王安石 139
游园不值 叶绍翁 141
卜算子·送鲍浩然之浙东 王 观 143
浣溪沙 苏 轼 145
清平乐 黄庭坚 147

·积累拓展·

悯农二首（其二） 李 绅 149
遗爱寺 白居易 152
所 见 袁 枚 154
江 雪 柳宗元 156
回乡偶书（其一） 贺知章 158
早发白帝城 李 白 160
大林寺桃花 白居易 162
前出塞（其六） 杜 甫 164

题诗后 贾　岛 166
赋得古原草送别 白居易 168
七步诗 曹　植 170
百忧集行 杜　甫 172
别董大（其一） 高　适 174
乞　巧 林　杰 176
于易水送人 骆宾王 178
逢雪宿芙蓉山主人 刘长卿 180
鹿　柴 王　维 182
江畔独步寻花（其六） 杜　甫 184
赠花卿 杜　甫 186
黄鹤楼送孟浩然之广陵 李　白 188
塞下曲（其二） 卢　纶 190
凉州词 王之涣 192
秋　夕 杜　牧 194
乐游原 李商隐 196
忆江南（其一） 白居易 198
绝句二首（其二） 杜　甫 200
山亭夏日 高　骈 202
溪上遇雨（其二） 崔道融 204
乡村四月 翁　卷 206
竹枝词（其一） 刘禹锡 208
渔歌子（其一） 张志和 210
赠汪伦 李　白 212
舟过安仁 杨万里 214
牧　童 吕　岩 216
菩萨蛮·书江西造口壁 辛弃疾 217
冬夜读书示子聿（其三） 陆　游 219
早　梅 张　谓 221
夜　泉 袁中道 223
赠外孙 王安石 225
牧童词 李　涉 227
嫦娥 李商隐 229
画眉鸟 欧阳修 231
望驿台 白居易 233
题弟侄堂书 杜荀鹤 235
秋　思 张　籍 237
劝　学 颜真卿 239
水口行舟二首 朱　熹 241
鸟鸣涧 王　维 243
问刘十九 白居易 245
泛吴松江 王禹偁 247
过上湖岭望招贤江南北山 杨万里 249
绝　句 志　南 251
雨　晴 王　驾 253
富春至严陵山水甚佳 纪　昀 255
海　棠 苏　轼 257

参考答案 259

江　南

汉乐府

江南可【适宜、正好】采莲，
莲叶何田田【形容荷叶挺立水面，饱满劲秀的样子】。
鱼戏莲叶间。
鱼戏莲叶东，
鱼戏莲叶西，
鱼戏莲叶南，
鱼戏莲叶北。

集评

1. 唐·吴兢："《江南曲》古词……盖美其芳晨丽景，嬉游得时。"(《乐府古题要解》)

2. 明·钟惺："章法奇。"(《古诗归》)

3. 清·方玉润："鱼戏莲叶数语，初读之亦毫无意义，然不害其为千古绝唱，情真景真故也。"(《诗经原始》)

4. 清·张玉穀："此采莲曲也。前三叙事，不说花偏说叶，叶尚可爱，花不待言矣。鱼戏叶间，更有以鱼比己意，诗旨已尽。后四，忽接上'间'字，平排衍出东西南北四句，转见古趣。"(《古诗赏析》)

简析

这是一首采莲歌，反映了采莲时的光景和采莲人欢乐的心情。

诗歌的开头三句勾勒出一幅生动的江南景致。在秋高气爽的大好时节，一片片莲叶露出水面，茂密丰满；成群结队的鱼儿在水中自由自在地嬉戏玩耍。后四句以东、西、南、北并列，方位的变化以鱼儿的游动为依据，显得活泼、自然、有趣。意思是：鱼儿们在莲叶之间嬉戏，一会儿嬉戏在莲叶东面，一会儿嬉戏在莲叶西面，一会儿嬉戏在莲叶南面，一会儿嬉戏在莲叶北面。句式复沓而略有变化，是《诗经》的传统手法，用在这里，更令人联想到采莲人在湖中泛舟来往、歌声相和的情景。这首诗属汉乐府中的《相和歌辞》。《淮南子·说山训》注："《阳阿》《采菱》，乐曲之和声。""相和歌"就是一人唱，多人和的，"鱼戏莲叶东"四句，明显地保留了和声的痕迹。

《江南》并无一词一字直接写心情，而是通过对水上的莲叶和水下的鱼儿生意盎然的描绘透露出来的。这是民歌常用的婉转含蓄的艺术手法，耐人寻味。

（谈永康）

思考题

1. 请你猜谜语（打一植物）。

生在泥塘，洁白不染。身体发胖，心里长眼。

2. 读古诗，可以一边读，一边演示小鱼的动作。

静夜思

李　白

床前明月光，疑【好像】是地上霜。
举头【抬头】望明月，低头思故乡。

集评

1. 清·俞樾："床前明月光，初以为地上之霜耳，乃举头而见明月，则低头而思故乡矣。此以见月色之感人者深也。而但言如何相感，则虽深仍浅矣。以无情言情则情出，从无意写意则意真。"(《湖楼笔谈》)

2. 清·沈德潜："旅中情思，虽明说却不说尽。"(《唐诗别裁集》)

3. 清·徐增："床前光是无意，望月光是有心……因疑则望，因望则思，并无他念，真静夜思也。"(《而庵诗话》)

4. 清·王尧衢："因望而有思，惟思故低头，他乡此月，故乡亦此月，静夜思之，真有情不自禁者。……此诗如不经意而得之自然，故群服其神妙，他本作'看月光'，'看'字误，如用'看'字，则'望'字有何力？"(《古唐诗合解》)

5. 俞陛云："前二句取喻殊新，后两句在举头低头俄顷之间，顿生相思。良以故乡之念，久蕴怀中，偶见床前明月，一触即发，正见其思乡之切。且举头低头，联属用之，更见俯仰有致。"(《诗境浅说续编》)

简析

这两句所描写的是客中深夜不能成眠、短梦初回的情景。在迷离恍惚的心情中，真好像是地上铺了一层白皑皑的浓霜；可是再定神一看，四周围的环境告诉他，这不是霜痕而是月色。月色不免吸引着他抬头一看，一轮娟娟素魄正挂在窗前。秋夜的太空是如此明净！这时，他完全清醒了。（马茂元《唐诗鉴赏辞典》，上海辞书出版社，1983：249.）其次，这首诗的叙事是很有层次的。从偶然乍见的“床前明月光”，透露出半睡半醒的蒙眬状态，才会内心生“疑”，“疑”的是光色洁白，仿佛是“地上霜”，“月”与“霜”是不同物，只因同样的皎洁色系而牵连在一起。

（丁蕾蕾）

思考题

1. 王尧衢《古唐诗合解》提出，“此诗如不经意而得之自然，故群服其神妙，他本作‘看月光’，‘看’字误，如用‘看’字，则‘望’字有何力？”你是否认同呢？

2. 作者李白吟诗体物入微，结合诗歌内容对此加以分析。

（秦　岭）

池　上

白居易

小娃撑小艇【指小船】，偷采白莲【白色的莲花】回。
不解【理解，懂得】藏踪迹，浮萍【一种水生植物】一道开。

集评

1. 清·徐增：“‘不解藏踪迹’，‘不解’妙。乐天心中正喜其不解，若解则不采莲，浮萍中又安得有此一道天光哉！此种诗，着不得一些拟议，犹之西子面上着不得一些脂粉。今人胸中不干净，那有此好诗作出来?”(《而庵说唐诗》)

2. 邹弢：“清新俊逸，见胸中垒块全消。”(《精选评注五朝诗学津梁》)

简析

《池上》描绘了诗人夏日所见，寥寥几笔描述了一个孩子偷采莲花的故事。莲花盛开的夏日，天真活泼的孩童撑着一条小船，偷偷地采了一船的白莲花准备回家玩。懵懂的小孩不知道怎么隐藏踪迹，大摇大摆地划着小船。小船把水面上的浮萍轻轻荡开，留下了一道清晰明显的水路痕迹。

白居易是一位擅长叙事的大诗人。他的长篇叙事诗，写得曲折详尽、娓娓动听，而他的诗中小品，更通俗平易。《池上》一诗就用白描手法，将平凡生活中调皮捣蛋的孩童，用通俗易懂的语言，描绘出一幅难得一见的场面，让人读了忍俊不禁。“此二十字写小娃天真如在眼前，有画笔所不到者”。（刘永济《唐人绝句精华》，人民文学出版社，2018：204.）

诗歌动静结合，情景交融，最传神的是“不解藏踪迹”一句，写尽小孩的顽皮与纯真。晚来得子的白居易对孩子极其喜爱，还将自己弟弟的孩子带在身边抚养。真爱孩子，才能描绘出《池上》一诗中这样生动可爱的小萌孩形象。

（谈永康）

思考题

1.《池上》描绘了一个孩子偷采莲花的故事，请展开想象，用自己的话说一说这个故事，比如小孩划船会不会遇到困难，怎样解决，再比如白莲花是怎样的，等等。

2.“偷”是窃取，属不文明行为。在诗人眼里，孩子“偷采”白莲是这样的行为吗？你从哪里读懂的？

小　池

杨万里

泉眼无声惜细流，树阴照【映照】水爱晴柔【晴天里柔和的风光】。
小荷才露尖尖角，早有蜻蜓立上头。

集评

1. 宋·刘过：“达人胸次元无翳，芥子须弥我独知。”（《龙洲集》）

2. 清·袁枚：“诚斋一代作手，谈何容易！后人嫌太雕刻，往往轻之。不知其天才清妙，绝类太白，瑕瑜不掩，正是此公真处。”（《随园诗话》）

简析

这首诗在写景时围绕一个“小”字展开。“细流”从“泉眼”中“无声”地流淌而出，连阳光亦是“柔”的，还有那立在“小荷”上的蜻蜓……诗中景物都是微型的，足见诗人观察之精细。钱锺书先生如此评价杨诚斋的笔法：“放翁善写景，而诚斋善写生……诚斋则如摄影之快镜，兔起鹘落，鸢飞鱼跃，稍纵即逝而及其未逝，转瞬即改而当其未改；眼明手捷，踪矢蹑风，此诚斋之所独也。”（钱锺书《谈艺录》，中华书局，1984：188.）

宋人写诗一改唐诗大气蓬勃的特质，更倾向于追求诗歌的理趣。这首《小池》除了以精微的景物描写来呈现作者静观自得的心境外，还注重表现景物之间的亲密关系：“小荷象征着被发现者，只要他具有真美的价值，他定能早早被人发现、承认；蜻蜓象征着发现者，他应该具有敏锐的眼光，应该对美有一种本能的追求，当美的东西还在孕育时就能去捕捉它，当它显露出就应该去占有它，在美妙的画面背后，居然还潜藏着这样深刻的哲理，这更提高了这首诗的价值。”（胡适《胡适选注每天一首诗》，中华书局，2008：199.）在二十世纪之前，杨万里的这首诗并没有引起文学评论家的重视。而从胡适先生的这段评价可以看出，这首诗在现代文学的视野中焕发出了全新的生命力。

（沈文婕）

思考题

1. 本诗围绕“小”的特点描写了哪些景物？

2. 如果想要体现《小池》精微的理趣，朗读的时候要注意什么？请用恰当的语气和语调来朗读本诗。

登鹳雀楼

王之涣

白日依山尽，黄河入海流。
欲穷【尽】千里目，更上一层楼。

集评

1. 明·胡应麟：“对结者须意尽，如王之涣‘欲穷千里目，更上一层楼’，高达夫‘故乡今夜思千里，双鬓明朝又一年’，添着一语不得乃可。”（《诗薮》）

2. 明·唐汝询：“日没，河流之景未足称奇，穷目之观更在高处。”（《唐诗解》）

3. 清·沈德潜：“四语皆对，读去不嫌其排，骨高故也。”（《唐诗别裁集》）

简析

这首五绝诗可谓耳熟能详，论者常将此诗与畅当《登鹳雀楼》比较，《诗境浅说续编》中俞陛云曰：“前二句写山河胜概，雄伟阔远，兼而有之；后二句复余劲穿甲。二十字中，有尺幅千里之势。同时畅当亦有《登鹳雀楼》五言诗云：迥临飞鸟上，高上世尘间。天势围平野，河流入断山。二诗工力悉敌。但王诗赋实境在前二句，虚写在后二句，畅诗先虚写而后实赋，诗格异而诗意则同。以赋景论，畅之‘平野’‘断山’二句，较王诗为工细。论虚写，则同咏楼之高迥，而王诗更上一层，尤有余味。”

对于第一句中“白日”这一意象，袁行霈指出：“虽然写的是夕阳，但因用了‘白日’两个字，仍给人以辉煌灿烂的感觉。”此处的“白日”决不可替换为“残阳”“夕阳”等，正体现其与整首诗基调相合。

诗歌后两句议论，相比同样言说人生哲理的王安石的《登飞来峰》，刘学锴认为《登鹳雀楼》“只是要表达一种愿望，一种对更加高远境界的展望和精神追求，本质是抒情，而不是有意表现某种生活哲理”。王安石的诗则“是有意借登高峰寄托人生哲理”。这一区别从某种层面也体现了唐诗与宋诗在创作和审美上的差异，正如启功所言，“唐诗是嚷出来的，宋诗是想出来的”。

（张慧腾）

思考题

1. 比较诗中的“白日”与“红日”“斜日”在表达效果上的差异。

2. 畅当《登鹳雀楼》：“迥临飞鸟上，高出世尘间。天势围平野，河流入断山。”请从思想内容上比较畅诗与王诗的异同。

望庐山瀑布

李　白

日照香炉生紫烟【指瀑布升腾起的烟雾，在阳光下呈现紫色，是道教的祥瑞之气】，遥看瀑布挂前川。

飞流直下三千尺，疑是银河落九天【九重天】。

集评

1. 宋·苏轼：“是日有以陈令举《庐山记》见寄者，且行且读，见其中云徐凝、李白之诗，不觉失笑。……因作一绝句云：‘帝潜银河一派垂，古来唯有谪仙辞。飞流溅沫知多少，不与徐凝洗恶诗。’”（《东坡志林》）

2. 明·唐汝询：“泉自峰顶而出，故以香炉发端，从天际而下，故以银河取譬。”（《唐诗解》）

3. 刘永济：“李白集中所写山水，皆气象奇伟雄丽之景，足见其胸次宏阔，亦与山水同。较王、裴辋川唱和诸作，别具一番境界。大小虽殊，而诗人观物之精细与胸怀之澄澈，能以一己之精神面貌，融入景物之中，则无不同。”（《唐人绝句精华》）

简析

本诗是李白七绝的代表作，诗人运用大胆的夸张和瑰丽的想象，这也是浪漫主义的创作特色。诗歌的三四句历来为人称道：“‘飞流直下三千尺’的奇景，连作者自己也既惊且疑。惊其壮美绝伦，疑其非人间所有，而‘疑是银河落九天’的警句，也脱口而出。这个警句，虽想落天外，却情生目前。”（霍松林《唐诗举要》，安徽师范大学出版社，

2014：60.）诗人笔下的瀑布激越奔腾，令人身临其境。苏轼称徐凝的同题诗作为“恶诗”，恐怕正因为徐诗虽有对瀑布的形象描摹，但没有李白将自我精神风貌融入自然山水的胸怀和胆识，从而使诗歌缺少回味，显得平淡。

诗歌的前两句也不可忽视。“香炉”一语双关，紫色又是道教文化中祥瑞的象征，为阳光下迷蒙的水雾增添了神秘的色彩，也为后几句写瀑布起到渲染和蓄势的作用；而“挂”字则化动为静，极写瀑布流速之快，水势之大。

（张慧腾）

思考题

1. 李白写瀑布，为何要先从“日照香炉生紫烟”起笔？

2. 徐凝《庐山瀑布》：“虚空落泉千仞直，雷奔入江不暂息。今古长如白练飞，一条界破青山色。”两首诗歌都用了比喻，你是否同意苏轼对徐诗和李诗高下之判，为什么？

夜宿山寺

李　白

危楼【高楼，这里指山顶的寺庙】高百尺，手可摘星辰。
不敢高声语【说话】，恐【唯恐】惊天上人。

简析

全诗构思奇特、联想丰富，充满浪漫主义色彩，相传为李白的作品。

诗人夜宿深山里的寺庙，发现寺庙后有一座很高的藏经楼，于是登至楼顶，凭栏远眺。夜幕中，群星璀璨，似乎触手可及，诗人诗兴大发，写下了这一首五言绝句。第一句“危楼高百尺”是典型的夸张手法，起笔突兀峭拔，勾勒出这座山寺巍然挺立，高耸入云的样子。句首一个“危”字，格外夺人眼球，与“高”字在同句中的巧妙呼应，准确形象地把山寺屹立山巅、傲视寰宇的非凡气势表现得淋漓尽致。第二句“手可摘星辰”，熔想象和夸张于一炉。危楼之上，点点星光似乎近在咫尺，诗人一伸手好像就能摘到星星。第一二句夸张地渲染了山寺之高。第三四句，诗人展开了想象的翅膀，仿佛自己已经来到天宫，仙人们就在身旁。诗人不敢高声说话，唯恐惊扰到天上的仙人。这两句虽是假想之境，推导之词，却写得逼真，自然无邪。

这首诗充满奇特瑰丽的色彩，可见诗人丰富的艺术想象力和高超的文学造诣。

（平丽娜）

思考题

1. 这首诗运用了________的手法，表达了诗人对古代庙宇工程艺术的惊叹以及对神仙般生活的____________之情。

2. 请简析首句中“危”字的妙处。

敕勒歌

北朝民歌

敕勒川【指敕勒族游牧的草原】，阴山下。天似穹庐【毡子制成的圆形帐篷，即蒙古包】，笼盖四野。

天苍苍，野茫茫，风吹草低见【同“现”，现出】牛羊。

集评

1. 宋·王灼：“金不知书，同于刘、项，能发自然之妙如此，当时徐、庾辈不能也。”(《碧鸡漫志》)

2. 宋·黄庭坚：“语奇壮如此，盖率意道事实耳。”(《书韦深道诸帖》)

3. 元·元好问：“慷慨歌谣绝不传，穹庐一曲本天然。中州万古英雄气，也到阴山敕勒川。”(《论诗三十首》)

4. 明·胡应麟：“此歌成于信口，咸谓不知宿根，不知此歌之妙，正在不能文者，以无意发之，所以浑朴莽苍，暗合前古，推之两汉乐府歌谣，采自闾巷，大率皆然，使当时文士为之，便欲雕缋满眼，况后世操觚者。”(《诗薮》)

5. 清·王夫之：“寓目吟成，不知悲凉之何以生。诗歌之妙，原在取景遣韵，不在刻意也。”(《古诗评选》)

6. 清·乔亿：“南北朝短章，《敕勒歌》断为第一。”(《剑溪说诗》)

简析

这是一首北朝民歌，最早见于宋朝郭茂倩编的《乐府诗集》中的第八十六卷《杂歌谣辞》，一般认为是由鲜卑语译成汉语的。敕勒族为匈奴的后裔，民风粗犷豪放。

这首《敕勒歌》语言质朴，风格明朗，境界开阔，有一股雄浑之气。诗一开始，就点明了草原所在的位置。接下来两句，写出了广阔无垠的草原恍若穹庐笼罩着大地。之后两句，是表现天地辽阔，草原广袤的佳句。结句引领着读者，仿佛看见了草浪起伏，仿佛看见了星星点点的牛羊遍布其中。寥寥数语，就十分生动地勾勒出了大西北草原壮美富饶的景象，苍苍的天空，茫茫的绿草，牛羊悠然地吃着草，人民安详地生活着。这是一派多么迷人的北国风光，多么和平安乐的景象。骆玉明评价本诗："歌中唱出北方大草原广阔无垠、浑沌苍茫的景象，表现了开阔的胸襟，豪迈的情怀。后面描绘水草畜牧之盛，抓住特点，大笔如椽，并且充分体现出人对自然的自豪。"(《中国文学史》，复旦大学出版社，1997：443.）金启华将本诗称为"千古绝唱"，"歌，句句写景，境界阔大，大气包举。但又句句含情，旨意深厚，振人精神。具有强烈的艺术魅力"(《魏晋南北朝诗精华二百首》，陕西人民出版社，1998：274.)。

根据《乐府广题》记载，东魏高欢攻打西魏玉璧，兵败后，士气沮丧。于是，高欢命令敕勒族大将斛律金高唱此歌，以安定军心。由此推想，音乐也必定是雄健有力的。

（平丽娜）

思考题

1.《敕勒歌》是一首________（填时代）民歌。诗歌中比喻的句子是__________________，交代地理位置的句子是__________________。

2. 以下关于诗歌的赏析理解不正确的一项是（　　）

A. 诗歌开头两句"敕勒川，阴山下"，交代敕勒川位于高耸云霄的阴山脚下，将草原的背景衬托得十分雄伟。

B.“天苍苍，野茫茫，风吹草低见牛羊”是一幅壮阔无比、生机勃勃的草原全景图。

C. 全诗寥寥二十余字，就展现出我国古代牧民生活的壮丽图景。

D. 这首诗具有北朝民歌所特有的明朗豪爽的风格，境界开阔，音调婉转，语言绮丽，艺术概括力极强。

村　居【在乡村里居住时见到的景象】

高　鼎

草长莺飞二月天，

拂堤杨柳醉【迷醉，陶醉】春烟【春天水泽、草木间蒸发形成的烟雾般的水汽】。

儿童散学【放学】归来早，

忙趁东风放纸鸢【一种纸做的形状像老鹰的风筝，此处泛指风筝。鸢：老鹰】。

简析

马美信、贺圣遂主编的《中国古代诗歌欣赏辞典》说，《村居》这首诗写的是诗人居住农村亲眼看到的景象，诗人勾画出一幅生机勃勃、色彩缤纷的“乐春图”。首联写时间和自然景物，“草长莺飞”四个字，把春天的景物写活，使读者仿佛感受到那种万物复苏、欣欣向荣的气氛，读者的眼前也好像涌动着春的脉搏。颔联写村中的原野上的杨柳，“拂”“醉”，把静止的杨柳人格化了。诗人用了一个“醉”字，写活了杨柳的娇姿，写活了杨柳的柔态，写活了杨柳的神韵。颈联和尾联写人物活动，描述了一群活泼的儿童在大好的春光里放风筝的生动情景。儿童正处在人生早春，儿童的欢声笑语，兴致勃勃地放风筝，使春天更加生机勃勃，富有朝气。张春娟在其《人教课标版小学语文教材诗歌教学策略研究》中认为，全诗前半部分写景，后半部分写人，前半部分基本上是写的静态，后半部分则添加了一个动态。物态人事互相映衬，动态静态彼此补充，使全诗在村居所见的“春”景这一主题下，完美和谐地得到了统一。

（秦　岭）

思考题

1. 这首诗歌描绘的是哪个季节的景色？你可以从诗作中找到相关季节中的典型景物，把它们画在纸上吗？

2. 诗人在作品中流露出怎样的感情？你是否还可以举出对这个季节相同情感的诗歌作品，与大家分享呢？

咏柳

贺知章

碧玉【碧绿色的玉，这里用以比喻春天嫩绿的柳叶】妆【装饰，打扮】成一【满，全】树高，万【很多】条垂下绿丝绦【绦（tāo）：用丝编成的绳带，这里指像丝带一样的柳条】。

不知细叶谁裁出，二月春风似剪刀。

集评

1. 明·钟惺："奇露语，开却中晚。"（《唐诗归》）
2. 清·黄叔灿："赋物入妙，语意温柔。"（《唐诗笺注》）
3. 清·黄周星："尖巧语，却非由雕琢所得。"（《唐诗快》）

简析

这是一首咏物诗。首句写柳树就像一位经过梳妆打扮的亭亭玉立的美人。用碧玉来比喻柳，主要有两层意思：一是碧玉和柳的颜色非常相似，"碧"和下句的"绿"互相生发和补充；二是碧玉给人留下年轻的印象。诗中"碧玉"二字用典而不露痕迹。南朝萧绎《采莲赋》有"碧玉小家女"，后来形成"小家碧玉"这个成语。后两句把比喻和设问结合起来，用拟人的手法刻画春天的美好和大自然的工巧，新颖别致，把春风孕育万物形象地表现出来，烘托无限的美感。更别出心裁地把春风比喻为剪刀，将视之无形不可捉摸的春风形象地表现出来，不仅立意新奇，结构独具匠心，而且饱含韵味。（张剑《唐宋诗词名篇欣赏》，中国人民公安大学出版社，2009：203.）

正如学者刘学锴所说：三四句设喻新颖工巧，“裁”字尤为妙，但并不流于雕琢。由“裁”想到“剪”，“二月春风似剪刀”之妙喻遂脱口而出。故虽极工巧尖新，仍不失自然风致。（王钟陵主编《唐诗鉴赏》，四川辞书出版社，2010：44.）

（王想龙）

思考题

1. 从修辞手法的角度，赏析“妆”字的妙处。

2. 本诗三、四两句设喻独特巧妙，极富表现力，请简要分析。

晓出净慈寺送林子方

杨万里

毕竟西湖六月中，
风光不与四时【四季】同。
接天【喻荷叶一望无际】莲叶无穷碧，
映日荷花别样【不同一般】红。

集评

1. 清·厉鹗："诚斋大篇短章，七步而成，一字不改，皆扫千军、倒三峡、穿天心、透月胁之语；至于状物姿态，写人情意，则铺叙纤悉，曲尽其妙，笔端有口，句中有眼。"(《宋诗纪事》)

2. 陈衍："他人诗只一折，不过一曲折而已，诚斋则至少两曲折。"(《石遗室诗话》)

3. 钱锺书："杨万里努力要跟事物——主要是自然界——重新建立嫡亲母子的骨肉关系，要恢复耳目观感的天真状态……不让活泼泼的事物做死书的牺牲品，把多看了古书而在眼睛上长的那层膜刮掉，用敏捷灵巧的手法，描写了形形色色从没描写过以及很难描写的景象，因此姜夔称赞他说：'处处山川怕见君'——怕落在他眼睛里，给他无微不至的刻划在诗里。"(《宋诗选注》)

简析

《晓出净慈寺送林子方二首》是南宋诗人杨万里的组诗作品。这两首诗通过描写六月西湖的美丽景色，曲折地表达对友人林子方的眷恋之情。其中第二首广为传诵。

“杨万里善于七绝，工于写景，以白描见长”（陈志明《宋诗鉴赏辞典》，上海辞书出版社，1987：1089.），从这个角度来看，这首《晓出净慈寺送林子方》可以算是他的代表作。

全诗语言明白通晓，以“毕竟”二字领起，直写对美景的赞赏，然后顺理成章，具体描绘这使他为之倾倒与动情的特异风光，着力表现在一片无穷无尽的碧绿之中那红得“别样”、娇艳迷人的荷花。“浓笔重墨，碧荷满纸，红蕖生辉。读其诗犹如看写意画，觉尺幅之间，气象万千，有吞吐万里之势。”（傅璇琮选，倪其心，许逸民注《宋人绝句选》，齐鲁书社，1987）实乃歌咏西湖的一篇佳作。

（金　怡）

思考题

1. 这首诗描绘的是什么季节的景色？你从哪句诗中能够看出来？

2. 你还知道哪些有关西湖的诗词作品？挑一首你最喜欢的跟大家分享一下吧。

绝　句

杜　甫

两个黄鹂鸣翠柳，一行白鹭上青天。

窗含【容纳】西岭【指西山，亦称雪岭，是岷山的主峰，在成都西南】千秋雪【指山上常年不化的积雪】，门泊东吴【三国时孙权建立的政权，这里指江浙一带】万里船。

集评

1. 宋·程大昌：“诗思丰狭，自其胸中来。若思同而句韵殊者，皆象其人，不可强求也。张祜送人游云南，固尝张大其境矣，曰‘江连万里海，峡入一条天’。至老杜则曰‘窗含西岭千秋雪，门泊东吴万里船’，又曰‘路经滟滪双蓬鬓，天入沧浪一钓舟’，以较祜语，雄伟而又优裕矣。”(《演繁露》)

2. 宋·曾季狸：“韩子苍云：‘老杜“两个黄鹂鸣翠柳，一行白鹭上青天”，古人用颜色字亦须匹配得相当方用，“翠”上方见得“黄”，“青”上方见得“白”。’此说有理。”(《艇斋诗话》)

3. 宋·范季随：“杜少陵诗云：‘两个黄鹂鸣翠柳，一行白鹭上青天。’王维诗云：‘漠漠水田飞白鹭，阴阴夏木啭黄鹂。’极尽写物之工。”(《陵阳先生室中语》)

4. 明·顾元庆：“长江万里，人言出于岷山，而不知元从雪山万壑中来。山亘三千余里，特起三峰。其上高寒多积雪，朝日曜之，远望日光若银海。杜子美草堂正当其胜处。其诗曰：‘窗含西岭千秋雪。’”(《夷白斋诗话》)

5. 明·王嗣奭："此四诗盖作于入居草堂之后，拟客居此以终老，而自叙情事如此。其三是自适语。草堂多竹树，境亦超旷，故鸟鸣鹭飞，与物俱适，窗对西山，古雪相映，对之不厌，此与拄笏看爽气者同趣。门泊吴船，即公诗'平生江海心，夙昔具扁舟'是也。公盖尝思吴，今安则可居，乱则可去，去亦不恶，何适如之！"（《杜臆》）

简析

《绝句》作于广德二年（764）。其时，诗人杜甫从避乱的阆中重返成都浣花溪草堂，生活比较安定，这是他一生中最为安定的生活。"稍有闲适心情欣赏自然景色，作《绝句》四首"（霍松林《霍松林选评唐诗360首》，陕西师范大学出版社，2017：182.）。本诗是其中的第三首，描绘了草堂周围明媚秀丽的春色：两只黄鹂在青翠的柳树上鸣唱，白鹭排成行飞向湛蓝的高空。西岭雪峰的图景就像一幅画嵌在窗户里，门外江面上停泊着即将驶往东吴的客船。

诗人采用白描的手法，以自然美景切入，"先写近景，后写远景。三、四两句，'千秋雪'显得时间的永恒，'万里船'显得空间的广阔，含义深远"（姚奠中《唐宋绝句选注析》）。全诗色彩明丽，以"翠柳"衬"黄鹂"，以"青天"衬"白鹭"。前两句对偶，后两句也对偶，对仗工整，但流动而不板滞。动静结合，"鸣"字让人感受到黄鹂歌声的婉转动听，传达出诗人欢快愉悦的心情。后两句写诗人凭窗远眺，眼前景色又是富有深意，一个"泊"字，凝聚了诗人多年漂泊不定的心酸和对安定繁荣的渴望。由上可见，"这首绝句与通常的绝句写法不一样，体现了作者的艺术独创性，如《唐宋诗醇》所评：'虽非正格，自是绝唱'"（霍松林，同上：183.）。

（谈永康）

思考题

1. 宋代曾季狸《艇斋诗话》：韩子苍云，老杜“两个黄鹂鸣翠柳，一行白鹭上青天”，古人用颜色字，亦须配得相当方用，“翠”上方见得“黄”，“青”上方见得“白”，此说有理。请你赏析“颜色字”为什么须“相当方用”？

2. 清代浦起龙《读杜心解》：“上兴下赋，意本一贯，注家以四景释之，浅矣。”就此，谈谈你的见解。

山　行

杜　牧

远上寒山【深秋季节的山】石径斜，白云生处有人家。

停车【轿子】坐【因为】爱枫林晚，霜叶【枫树的叶子经深秋寒霜之后变成了红色】红于二月花。

集评

1. 明·瞿佑："予为童子时，十月朝从诸长上拜南山先垅，行石磴间，红叶交坠，先伯元范诵杜牧之'停车坐爱枫林晚，霜叶红于二月花'之句。又在荐桥旧居，春日新燕飞绕檐间，先姑诵刘梦得'旧时王谢堂前燕，飞入寻常百姓家'之句。至今每见红叶与飞燕，辄思之。不但二诗写景咏物之妙，亦先入之言为主也。"(《归田诗话》)

2. 清·黄叔灿："'霜叶红于二月花'，真名句。诗写山行，景色幽邃，而致也豪荡。"(《唐诗笺注》)

3. 俞陛云："诗人之咏及红叶者多矣，如'林间暖酒烧红叶''红树青山好放船'等句，尤脍炙词坛，播诸图画。唯杜牧诗专赏其色之艳，谓胜于春花。当风劲霜严之际，独绚秋光，红黄绀紫，诸色咸备，笼山络野，春花无此大观，宜司勋特赏于艳李秾桃外也。"(《诗境浅说续编》)

4. 刘永济："读此可见诗人高怀逸致。霜叶胜花，常人所不易道出者。一经诗人道出，便留诵千口矣。"(《唐人绝句精华》)

简析

《山行》一诗采用虚实结合的手法，实写“枫林”渲染了“霜叶”的“红”，而“寒山”“石径”“白云”“人家”是画面的背景，使画面气势辉煌、色彩层次对比鲜明，虚写的是想象中的“二月花”，虚实相生使画面达到了画家神笔无法达到的妙境。不仅前两句疏淡的景致成了这艳丽秋色的衬托，即使“停车坐爱枫林晚”一句，看似抒情叙事，实际上也起着写景衬托的作用：那停车而望、陶然而醉的诗人，也成了景色的一部分，有了这种景象，才更显出秋色的迷人。诗人没有像古代一般文人那样，在秋季到来的时候哀伤叹息。他歌颂的是大自然的秋色美，体现出了豪爽向上的精神，有一种英爽俊拔之气拂诸笔端，表现了其人的才气与见地。

（秦　岭）

思考题

1. 作者在山中行走看到了什么景色？这么多的景色，作者最喜欢哪一处呢？

2.“停车坐爱枫林晚”中的“晚”字富有韵味，结合诗歌内容谈谈你对此的理解。

赠刘景文

苏 轼

荷尽已无擎雨盖，菊残犹有傲霜枝。

一年好景君【对男子的敬称，您】须记，最是橙黄橘绿【橙子发黄、橘子将黄犹绿，意指农历秋末冬初】时。

集评

1. 宋·胡仔："'天街小雨润如酥……'此退之早春诗也；'荷尽已无擎雨盖……'此子瞻初冬诗也。二诗意思颇同而词殊，皆曲尽其妙。"（《苕溪渔隐丛话》）

2. 清·乾隆："浅语遥情。"（《唐宋诗醇》）

简析

这首《赠刘景文》是诗人苏轼送给好友刘景文的勉励诗，作于元祐五年（1090）任杭州太守时。当时刘景文任两浙兵马都监，也在杭州。苏轼很看重刘景文，曾称他为"慷慨奇士"，与他诗酒往还，颇有交谊。

诗歌前两句写荷花凋谢，连那擎雨的荷叶也枯萎了，只有那残菊的花枝还在傲霜斗寒。面对有些萧瑟的"荷尽已无擎雨盖"，诗人并无伤感悲秋之意，他笔锋一转，转到"菊残犹有傲霜枝"。菊花这一"斗士"的形象在"已无"与"犹有"的对比中跃然纸上。三、四两句议论，揭示了赠诗的目的。橙树橘林，金黄碧绿，果实累累，确是"好景"。这是丰收之景，是一年中风景最好的时候，不止于观赏悦目，橘实还"可以荐嘉宾"。关于"橘"，自屈原起，多少诗人托物喻人，赞美它"苏世独立，横而不流”，夸它“经冬犹绿林，……自有岁寒心”。“橙”是“橘”的同类，故苏轼连类并举，使艺术形象更加丰满。

刘士杰教授说：“一般说来，一年好景无非春秋，诗人却偏说是初冬，可谓不同凡响，角度新颖。”（陶文鹏《唐宋名篇·宋诗卷》，山东教育出版社，2002：481.）的确，在诗人苏轼看来，一年中最美好的风光，莫过于橙黄橘绿的秋景，这显示了大自然的勃勃生机与无穷活力，给人以昂扬之感，同时也给好友刘景文以勉励。而橘树和松柏一样，最足以代表人的高尚品格和坚贞的节操，更能体现出诗人对朋友的热情勉励之意。

（谈永康）

思考题

1.“橙黄橘绿”的自然景象是什么季节？

2. 跟小伙伴讨论：诗人为什么称“橙黄橘绿”是一年好景？这首诗告诉我们怎样的人生哲理？

夜书所见

叶绍翁

萧萧梧叶送寒声，江上秋风动客情【旅客思乡之情】。

知有儿童挑【撩拨】促织【蟋蟀】，夜深篱落【篱笆】一灯明。

集评

1. 宋·许棐："声华馥似当风桂，气味清于著露兰。"（《梅屋诗稿·赠叶靖逸》）

2. 钱锺书："这种景就是姜夔《齐天乐》咏蟋蟀所谓'笑篱落呼灯，世间儿女'。"（《宋诗选注》）

简析

这首诗是诗人客居异乡，静夜感秋之作，抒发了羁旅他乡的愁思。"首句以萧萧寒声来渲染秋夜的清冷、静谧。草木凋零，百卉衰残，江上秋风瑟瑟寒，梧叶萧萧吹心冷。诗中一个'送'字令人仿佛听到寒气砭骨之声。"（迟乃义《宋人绝句的诗情画意》，吉林大学出版社，1991：158.）词句还妙用通感，一个"送"字沟通了听觉和触觉感受，静中显动，十分传神。第二句才点出是江上传来的阵阵秋风触动了诗人思乡的情绪，写得委婉深致，耐人寻味。三、四两句作者的视线由室内转向户外：深沉夜色中，篱落间灯火微明处，正是儿童在捉蟋蟀。儿童的天真活泼、无忧无虑与诗人思乡之黯然惆怅形成鲜明对比，以乐衬哀。眼前之景或许也勾起了诗人对童年的美好回忆。"篱落一灯"或许征隐喻自己"天涯孤栖"，以景结情，言近意远。

从艺术结构来看，“全诗结构采用了逆入法，先写出所感，再追述所见，三、四句之间又采用了倒装的句式，使诗来势突兀，波澜顿起。如果按事情的自然顺序来写，那就平淡寡味了”(赵山林、潘裕民编著《桃李春风酒一杯——宋诗经典解读》，百家出版社，2009：234.)。这正是诗人的匠心所在。

（竺海燕）

思考题

1. 说说诗中哪些景物触动了诗人的思乡之情？

2. 从诗歌第三句“挑”这个细节中，你能想象怎样的一幅场面？

望天门山

李 白

天门中断楚江开【断开，劈开】，碧水东流至此回【回转，回旋】。

两岸青山相对出，孤帆一片日边来【指孤舟从远方驶来，远远望去，仿佛来自日边】。

集评

1. 明·胡应麟：“太白七言绝，如‘杨花落尽子规啼’‘朝辞白帝彩云间’‘谁家玉笛暗飞声’‘天门中断楚江开’等作，读之真有挥斥八极，凌属九霄意。贺监谓为谪仙，良不虚也。”（《诗薮》）

2. 清·乾隆：“此及‘朝辞白帝’等作，俱极自然，洵属神品，足以擅场一代。对结另是一体，词调高华，言尽意不尽，不得以半律议之。”（《唐宋诗醇》）

3. 清·宋顾乐：“此等真可谓‘眼前有景道不得’也。”（《万首唐人绝句校注集评》）

简析

本诗开篇气魄即十分宏大，写出了江水冲破天门浩荡而去的壮阔之势，蕴含着巨大的生命力，显示了冲破一切阻碍的神奇力量。俞陛云在《诗境浅说续编》中说：“大江自岷山来，与金沙江合，凤舞龙飞。东趋荆楚，至天门稍折而北。山势中分，江流益纵，遥见一白帆痕，远在夕阳明处。此诗赋天门山，宛然楚江风景。”（北京出版社，2003：179.）第二、三句的“出”字为诗眼，使画面具有了动态美，逼真地表现了舟行江上，远处的天门山以具有压迫感的姿态扑面而来。末句传神地从孤帆的角度描绘其乘风破浪、以太阳为背景，逐步地接近天门山的情景。

本诗名为《望天门山》，但“全诗全无一望字”，又“实乃句句写望”(郁贤皓《李白选集》，上海古籍出版社，1990：17.)。首句从上游远望天门山，是以站在极高处的眼光囊括了全景，把山与水合并在了一起。次句写舟逐渐靠近天门山，边行边望，水流遇上石壁，产生回旋往复的动态。第三句舟船已经行至两山中间，可以观望左右，移步换形，山景层出不穷；末句，舟过天门山后江面临辽阔，遥望日边来的孤帆，拓开境界，全诗朝气蓬勃。

（程夕琦）

思考题

1. 有感情地朗读课文，想象诗中描绘的景色。找一段配乐，录制成朗诵小视频。

2. 找一找天门山的小资料，告诉同学们。

饮湖上初晴后雨

苏　轼

水光潋滟【水光荡漾】晴方好，
山色空濛【细雨迷蒙的样子】雨亦奇。
欲【可以；如果】把西湖比西子，
淡妆浓抹总相宜【总是很合适，十分自然】。

集评

1. 清·王文诰："此是名篇，可谓前无古人，后无来者。公凡西湖诗，皆加意出色，变尽方法。"(《苏文忠公诗编注集成》)

2. 陈衍："后两句遂成为西湖定评。"(《宋诗精华录》)

简析

此诗是熙宁六年（1073）苏轼任杭州通判期间，病后初愈，应友人陈襄之邀，在西湖上饮酒赏景之作。

上半首写景，却不过多着墨于具体的景物描绘，仅以"潋滟""空濛"两个连绵词就营造出西湖奇幻而美好的意境，给人以无限想象，故王义方赞："这两句诗以少总多，以一当十，常读常新，至味无穷。"（王钟陵主编《古诗词鉴赏》，四川辞书出版社，2017：267.）下半首转入抒情议论，以西施的浓妆和淡妆喻西湖的晴天和雨天，此比喻可谓妙绝，宋人评价："除却淡妆浓抹句，更将何语比西湖？"此句不仅对西湖的美作出了总体的诗意的概括，更闪射出哲理的光辉——只要拥有发现美的眼睛，生活中处处是美，同样，只要保持豁达乐观的心态，也将"何适而非快”！体现了宋诗的理趣之美。

《饮湖上初晴后雨》堪称西湖绝句的千古绝唱。

（倪俊娟）

思考题

1. 苏轼善为比喻，本诗中以________喻西湖，生动形象地写出了西湖无论是晴天还是________都美不胜收的神韵，表达了作者________之情。

2. 宋代诗歌富有理趣之美，你从这首诗歌中受到了怎样的启发？

望洞庭【指洞庭湖】

刘禹锡

湖光秋月两相和【指湖光月色两相辉映】，潭面无风镜未磨。
遥望洞庭山【指洞庭湖中的君山】水色，白银盘里一青螺。

集评

1. 宋·吕本中：“苏子由晚年多令人学刘禹锡诗，以为用意深远，有曲折处。”(《童蒙诗训》)

2. 明·谢榛：“意巧则浅，若刘禹锡‘遥望洞庭湖水面，白银盘里一青螺’是也。”(《四溟诗话》)

3. 清·吴乔：“可喜处多在新声变调尖警而不含蓄者。”(《围炉诗话》)

简析

此诗作于诗人被贬朗州时期。刘禹锡被贬后，来去洞庭，可考的前后约有六次。本诗是转任和州（今安徽和县）这一次，诗人再次途经洞庭，遂挥毫记录所见所思。

古往今来，文人墨客写洞庭的诗文甚多，刘禹锡的《望洞庭》别开生面，选择了月夜遥望的视角，抓住最有代表性的湖光和山色，通过丰富的想象和巧妙的比喻，把色调和谐、淡雅无比的洞庭美景再现于纸上。

先写望洞庭湖面，次写望湖中君山。秋月映照下的洞庭湖，湖面风平浪静，犹如一面尚未打磨的镜子。“和”字写尽湖光秋月两相辉映、空灵宁静之貌。远远望去，洞庭湖如同白银盘，盛放着青螺一样的君山。

“镜未磨”这一比喻写月光下的洞庭湖具有朦胧之美，而诗人的视线从广阔的湖面聚焦到君山，但见皓月银辉之下，洞庭君山愈见青翠，山水交融，宛如一只晶莹剔透的银盘里放了一颗小巧玲珑的青螺。诗人想象何等了得，设喻可谓精警，千里洞庭不过是妆楼奁镜、案上杯盘而已，足见诗人气度之壮阔与不凡。因此葛兆光教授评价刘禹锡的诗“干净明快，不过分雕琢也不流于俗滑平易，常有细腻婉转的隐喻、别致新颖的词句点缀其中”(《唐诗选注》，中华书局，2018：246.)。

而这两句“遥望洞庭山水色，白银盘里一青螺”终究脱颖而出，与晚唐雍陶《望君山》的“应是水仙梳洗处，一螺青黛镜中心”、北宋黄庭坚《雨中登岳阳楼望君山》的“可惜不当湖水面，银山堆里看青山”同为传诵的洞庭湖名句。

（谈永康）

思考题

1. 诗人以奇特的想象描绘洞庭山水，他把________比喻成未经打磨的铜镜，把________比喻成一只小小的青螺。

2. 刘禹锡被称为________，王维被称为________，李贺被称为________，白居易被称为________。

绝句二首（其一）

杜　甫

迟日【春天的太阳】江山丽，春风花草香。
泥融飞燕子，【此句倒装，当为泥融燕子飞】
沙暖睡鸳鸯。【此句倒装，当为沙暖鸳鸯睡】

集评

1. 宋·罗大经：“杜少陵绝句云：‘迟日江山丽，春风花草香。泥融飞燕子，沙暖睡鸳鸯。’或谓此与儿童之属对何以异。余曰，不然。上二句见两间莫非生意，下二句见万物莫不适性。于此而涵泳之，体认之，岂不足以感发吾心之真乐乎！大抵古人好诗，在人如何看，在人把做什么用。如‘水流心不竞，云在意俱迟’‘野色更无山隔断，天光直与水相通’‘乐意相关禽对语，生香不断树交花’等句，只把做景物看亦可，把做道理看，其中亦尽有可玩索处。大抵看诗，要胸次玲珑活络。”（《鹤林玉露》）

2. 清·仇兆鳌：“此章言春景可乐。摹写春景，极其工秀，而出语浑成，妙入化工矣。丽字、香字，眼在句底。融字、暖字，眼在句腰。”（《杜诗详注》）

简析

杜甫的前半生遭遇到了太多的挫折、苦难。科场奸人专权屏斥英才，杜甫大志难成；安史之乱长安沦陷，杜甫也深陷离乱；兵荒马乱，家人离散，待归去，却闻知幼子饥寒而亡的噩耗。家国的苦难在杜甫的身上烙下了深深的痛苦悲愤的印记。入成都时，杜甫已年近半百，漂泊流荡的生活在老朋友们的帮助下总算得到了暂时的安定。四年的草堂生活竟成了杜甫一生中难得的静好岁月。故人供禄米，老妻画棋局，幼儿敲吊钩，邻家花满蹊，杜甫的生活终于展现出了安稳幸福的一面。这首绝句就是这种轻松愉悦心情的写照。

春日漫长，阳光明媚，江山如画。春风悠悠，花草清香。燕子归来，啄泥筑巢；鸳鸯依偎，沙暖梦好。萧涤非说："四句写景物，而愉快之情自见。"信然！

（彭　音）

思考题

1. 借助注释，理解诗歌的意思。

2. 和小伙伴交流一下你最喜欢的句子，要说出理由。

惠崇春江晚景

苏　轼

竹外桃花三两枝，春江水暖鸭先知。
蒌蒿满地芦芽短，正是河豚欲上【逆江而上】时。

集评

陈衍："毛西河并此亦要批驳，岂真伧父至是哉！想亦口强耳。"（《宋诗精华录》）

简析

苏轼的这首七绝，把惠崇的"小景画"转化为"小景诗"，通过对江上典型景物的描绘，表现了春天给大自然带来的蓬勃生机，也给诗人带来了盎然的情趣。诗的首句"竹外桃花三两枝"，即扣住了早春这一特色。桃花，本来就是春天的象征，现在桃花只开三两枝，更显其春早。诗人欲咏画面上的春江，却先写岸上竹外之桃花，这不但使画面显得很有层次，而且三两枝桃花点缀于青青翠竹之外，也显得疏淡雅致，更富有情韵。

但这首诗不仅仅局限于目所能见的春景，在勾画桃花盛开、水上鸭群、繁密蒌蒿和芦芽之外，苏轼还写了要凭触觉才能感到的水之"暖"，要用思维才能想到的鸭之"知"，要靠经验判断才能预言的河豚之"欲上"。"题画诗如果局限于复述画面内容，就不可能有艺术生命"（霍松林《霍松林选集》第十卷，陕西师范大学出版社，2010：428.）。这首诗的高妙之处，正在于以这些想象和联想点活了画面，使画中的景物由平面静止的罗列变得生机勃发、情趣盎然。而苏诗的最后一句比原画的高明之处也就在于它发挥了文学的想象功能，突破了绘画所无法突破的时空界限，道出了不属于画面但又与画面存在着必然联系的内容——河豚欲上时。诗人凭借着自己丰富的想象力，使惠崇的画继续向前延伸，表现出更加丰富的内涵和更为吸引人的生活情趣。因此，“不必看画，只从这首诗所再现的景物美、所创造的意境美，从诗人所表露的对大自然、对生活的兴会中，读者自会为之吸引，受到感染。”（陈邦炎《古典诗歌鉴赏》，浙江大学出版社，1990：287.）

（金　瑜）

思考题

1. 本诗是一首题画诗，请想象诗中优美的画面，试着画一幅春江晚景图。

2. 一首好的题画诗，既要点明画面，使人如见其画，又要跳出画面，使人画外见意。试鉴赏本诗的“画外之意”。

三衢【即浙江衢（qú）州，因境内有三衢山而得名】道中

曾　几

梅子黄时日日晴，
小溪泛【乘船浮行】尽却【再】山行【走山间小路】。
绿阴不减【没有少多少】来时路，
添得黄鹂四五声。

集评

1. 宋·刘克庄：“比之禅学，山谷初祖也，吕、曾南北二宗也。”（《后村先生大全集》）

2. 清·翁方纲：“放翁诗本于茶山，茶山本于韩子苍，三家句律，大概相同，至于放翁则加豪矣。然茶山诗较放翁浑成自然，固不可及。”（《七言律诗钞》）

简析

曾几是一位深爱山水自然的诗人，这首诗是他游浙江衢州三衢山时写的。在这首诗里，诗人把他对初夏时旅途风物的新鲜感受和山行时轻松愉快的心情写得明快自然，充满韵味。“诗还有个特点，就是通过对比融入感情。诗将往年阴雨连绵的黄梅天与眼下的晴朗对比；将来时的绿树及山林的幽静与眼前的绿树与黄莺叫声对比，于是产生了起伏，引出了新意。全诗又全用景语，浑然天成，描绘了浙西山区初夏的秀丽景色；虽然没有铺写自己的感情，却在景物的描绘中锲入了自己愉快欢悦的心情。曾几虽然是江西诗派的一员，但这首绝句写得清新流畅，没有江西

诗派生吞活剥、拗折诘屈的弊病。”（李梦生，《宋诗三百首全解》，复旦大学出版社，2007：189.）

（朱洁文）

思考题

1. 这首诗描写的是________（季节）的景色。

2. 朗读这首诗，借助注释，合理想象，说说这首诗所描绘的自然景象。

元　日【指农历正月初一】

王安石

爆竹声中一岁除【过去】，春风送暖入屠苏【屠苏酒。根据古代风俗，常在元日饮用】。

千门万户曈曈【形容太阳出来后天色渐亮的样子】日，总把新桃【桃符，是古代新年时悬挂于大门上的辟邪门饰，春联的前身】换旧符。

集评

清·王相：“此诗自况其初拜相时的行君政，除旧布新，顺始行已之政令也。”(《增补重订千家诗》)

简析

《元日》描写了新年辞旧迎新的动人景象。在阵阵轰鸣的爆竹声中，旧的一年过去了。初升的太阳照耀着千家万户，全家在和暖的春风中一起畅饮醇美的屠苏酒，感受到了春天的气息。人们都忙着把旧的桃符摘下，换上新的桃符。

“古人说欢乐之辞难工，这首诗恰恰把欢乐的场面很形象地描绘出来。”(李梦生《宋诗三百首注评》，凤凰出版社，2007：54.）诗人选取人们迎接新年的典型场景：点燃爆竹、饮屠苏酒和换新桃符，采用白描手法，表现年节的欢乐气氛，富有浓厚的生活气息。首二句紧扣题目，描绘人们放爆竹、喝美酒的场景，烘托出元日热闹、欢乐的氛围。下句“千门万户曈曈日”中的“曈曈”，淋漓尽致地写出了初升的太阳无比光明灿烂的样子。末句“总把新桃换旧符”把旧的桃符摘下换成新的，与首句的“爆竹辞旧岁”紧密呼应，既展现了当时的民间习俗，又表现出万象更新的繁荣景象。

“这首诗既是句句写新年，也是句句写新法，两者结合得紧密恰切，天衣无缝……”（熊柏畦《宋八大家绝句选》，见黄念然《中国古典诗词名篇选注集评》，广西师范大学出版社，2006：412.）宋神宗熙宁二年，王安石任宰相，积极推行新法，主张革新政治。新年第一天，人们安居乐业，呈现出一派兴旺繁荣的景象。王安石极力渲染元日温暖光明的气氛，实则饱含了他对顺利实行新法的美好憧憬。“总把新桃换旧符”，表现了诗人对变法胜利和人民生活改善的欣慰喜悦之情，又蕴含深刻哲理。这里用换桃符“写出当时的风俗习惯，更为读者开辟了新的诗意。揭示出新的代替旧的，进步的代替落后的，历史发展的这个不可抗拒的规律”（姚奠中《唐宋绝句选注析》，见黄念然《中国古典诗词名篇选注集评》，广西师范大学出版社，2006：412.）。

（谈永康）

思考题

1.《元日》描写了宋代人过春节的场面，试用自己的语句描绘。

2. 清代王相评价：“此诗自况其初拜相时的行君政，除旧布新，顺始行己之政令也。”试作简要分析。

清　明

杜　牧

清明时节雨纷纷，路上行人欲断魂。
借问酒家何处有？牧童遥指杏花村。

集评

1. 唐·李商隐：“高楼风雨感斯文，短翼差池不及群。刻意伤春复伤别，人间惟有杜司勋。”（《全唐诗》）

2. 清·贺裳：“杜紫微诗，惟绝句最多风调，味永趣长，有明月孤映，高霞独举之象，余诗则不能尔。”（《载酒园诗话》）

3. 清·赵翼：“杜牧之恐流于弱，特创豪宕波峭一派，以力矫其弊。”（《瓯北诗话》）

简析

这首小诗通篇是十分通俗的语言，写得自如之极，毫无经营造作之痕。音节十分和谐圆满，景象非常清新、生动，而又境界优美、兴味隐跃。诗由篇法讲也很自然，是顺序的写法。第一句交代情景、环境、气氛，是“起”；第二句是“承”，写出了人物，显示了人物的凄迷纷乱的心境；第三句是一“转”，然而也就提出了如何摆脱这种心境的办法；而这就直接逼出了第四句，成为整篇的精彩所在——“合”。在艺术上，这是由低而高、逐步上升、高潮顶点放在最后的手法。所谓高潮顶点，却又不是一览无余，索然兴尽，而是余韵邈然，耐人寻味。这些，都是诗人的高明之处，也就是值得后人学习继承的地方。（《唐诗鉴赏辞典》，上海辞书出版社，1983：1101-1102.）

（缪黎明）

思考题

1.“清明时节雨纷纷”一句中的“纷纷”有何用意？

2. 古人曾说过，好的诗，能够“状难写之景，如在目前；含不尽之意，在于言外”。试用“遥”字来做简析。

九月九日【指农历九月初九重阳节】忆山东【指华山以东】兄弟

王　维

独在异乡为异客，每逢佳节倍思亲。

遥知兄弟登高处，遍插茱萸【一种香气浓郁的植物，古人在重阳节有插戴茱萸的习俗】少一人。

集评

1. 明·唐汝询：“摩诘作此诗时，年十七，词义之美，虽《陟岵》不能加。史以孝友称维，不虚矣。”(《唐诗解》)

2. 明·叶羲昂：“诗不深苦，情自蔼然，叙得真率，不用雕琢。”(《唐诗直解》)

3. 清·王谦：“圣叹曾言，唐人作诗每用‘遥’字，如‘遥知远林际’‘遥知兄弟登高处’，皆用倩女离魂法也，极有远致。”(《碛砂唐诗纂释》)

4. 清·张谦宜：“不说我想他，却说他想我，加一倍凄凉。”(《絸斋诗谈》)

5. 俞陛云：“兄弟朋友，皆伦常之一。唐诗中忆朋友者多，忆兄弟者少。杜少陵诗‘忆弟看云白日眠’，白乐天诗‘一夜乡心五处同’，皆寄怀群季之作。此诗尤万口流传。诗到真切动人处，一字不可移易也。”(《诗境浅说》)

简析

王维写此诗时年方十七。九月九日是重阳节，按古代民俗，这天都要登高。独在长安求学的王维因而思念往年在家乡一起登高的兄弟们。“山东兄弟”意为家乡兄弟。

诗人怀乡思亲，真情流露，深挚感人。“‘每逢佳节倍思亲’是‘独在异乡’的游子们的共同感受，由王维第一次用这样简练明晰的语言说出，便万口传诵，至今仍被引用。”（霍松林《霍松林选评唐诗360首》，陕西师范大学出版社，2017：92.）

此诗前两句中“异乡”指的是他乡，“异客”指的是漂流他乡的人，“异乡”和“异客”凸显了诗人在他乡的孤独感。“首句用两‘异’字，倍觉凄苦。盖地非故土，即为异乡，人在异乡，即为异客。二句用‘倍’字，可见平日也无日不思，至佳节尤其思亲，是进一层用字法。为客常思亲，即承上句。”（喻守真《唐诗三百首详析》，中华书局，1957：291.）后两句不再写自己如何思念家乡亲人，而是把目光投向远方，展开想象：这一天亲人登高遍插茱萸，发现少了“我”，他们会感到多么遗憾啊！“三句不说自己重阳登高，偏忆兄弟登高，又是进一层的转法。四句用反意作合，不直说兄弟忆我，我忆兄弟，偏说遍插茱萸少我一人，悲怀自见。”（喻守真，同上）“后两句则是逆写兄弟们在想他。主中有客，客中有主，诗之好处在此。”（金性尧《唐诗三百首新注》，上海古籍出版社，1993：336.）

《九月九日忆山东兄弟》在结构上也突出了诗人思乡的“孤独感”。佳节团圆，是人之常情。中国人大多爱佳节，盼佳节，庆佳节。王维孤身在长安，又逢重阳佳节，看到别人全家团聚，因此，孤独感尤烈。28个字的诗，多处凸显这个“孤独”。“首句的‘独’与结句的‘一人’呼应，回环往复，由自己思亲想到兄弟们思念自己，而自己思念兄弟们之深情，又进一步加倍写出。”（霍松林，同上）

（谈永康）

思考题

1. 本诗中的千古名句是__________________，表达了诗人________之情。

2. 请你查一查资料，农历九月初九是 ___________ 节，这一天的习俗有________、________和________等。

暮江吟

白居易

一道残阳铺水中，半江瑟瑟【原意为碧色珍宝，此处指青绿色】半江红。

可怜【可爱】九月初三夜，露似真珠【珍珠】月似弓。

集评

明·杨慎：“诗有丰韵。言残阳铺水，半江之碧，如瑟瑟之色；半江红，日所映也。可谓工致入画。”（《升庵诗话》）

简析

白居易是“通俗派”的代表，他写的诗语言浅近平易，力求“老妪能解”，有意到笔随之妙。而在平易之中，还善于运用关键的一二字以适应情境，创造意境，增加情趣，成为统摄全篇的“点睛之笔”。全诗围绕“可怜”二字，采用白描手法，极写江山晚照的佳丽景色：日暮黄昏，一道残阳铺于水中，江水一半变为绿色，一半变为红色，当残阳消失、夜幕降临时，只见露水像珍珠，而月亮像弯弓。

全诗摄取了两幅幽美的自然界的画面，加以组接。一幅是夕阳西沉、晚霞映江的绚丽景象，一幅是弯月初升，露珠晶莹的朦胧夜色。两者分开看各具佳景，合起来读更显妙境，诗人又在诗句中妥帖地加入比喻手法，使景色倍显生动。

（丁蕾蕾）

思考题

1. 这首诗写的是________的景色。

2. 三四句写了新月初升的景色，作者把________比作________，把________比作________，表达了作者的________之情。

（刘鹏程）

题西林【指西林寺，又名乾明寺】壁

苏　轼

横看成岭侧成峰，远近高低各不同。
不识庐山真面目，只缘【因为】身在此山中。

集评

1. 宋·黄庭坚："此老于般若横说竖说，了无剩语，非其笔端有舌，亦安能吐此不传之妙。"(《冷斋夜话》)

2. 清·王文诰："凡此种诗，皆一时性灵所致，若必胸中有释典，而后炉锤出之，则意味索然矣。"(《苏文忠公诗编注集成》)

3. 清·刘熙载："东坡诗打通后壁说话，其精微超旷，真足以开拓心胸，推倒豪杰。"(《艺概·诗概》)

4. 陈衍："此诗有新思想，似未经人道过。"(《宋诗精华录》)

简析

《题西林壁》是苏轼题写在庐山西林寺墙上的一首七言绝句，是他遍游庐山之后的题咏。一、二两句，从庐山移步换形，写正面看，山岭连绵起伏；从侧面看，山峰巍峨耸立；从远处、近处、高处、低处看，庐山变化多端，令人目迷神夺、不可辨认。三、四两句，写作者在观望中领悟：之所以认不清庐山真正的面貌，是因为我正身处庐山之中。全诗写出了一个朴素而又重要的真理：对一个事物的观察，如果站的角度不同，就会得出不同的印象；不同的距离，不同的高度，也会得出不同的结论，亦即"当局者迷，旁观者清"。

“这首诗，当然属于山水诗的范畴，却蕴含生活哲理，能给人以思想启迪，因而广泛传诵，并被引来讽喻某种社会现象，具有强大的艺术生命力。”（霍松林《宋诗举要》，安徽师范大学出版社，2015：109.）

（谈永康）

思考题

1.《题西林壁》这首诗中有三对反义词，分别是哪些？

2. 俗话说：“当局者迷，旁观者清”，诗中有哪句诗说明了这个道理？

雪　梅

卢　钺

梅雪争春未肯降【服输】，骚人阁【同“搁”，放下】笔费评章【评议。这里指评议梅与雪的高下】

梅须逊【不及，比不上】雪三分白，雪却输梅一段香。

简析

《雪梅》是南宋诗人卢钺创作的一首七言绝句。

前两句写梅雪争春，要诗人评判。梅花与雪花都认为自己占尽春色，谁也不肯服输。这可愁坏了诗人，由于一时难于评判，他只好停下笔来思索。读这两句，我们眼前出现了一幅“梅雪争春图”，通过“争”“未肯降”这种拟人化的表达，写梅花、雪花之美，可谓别出心裁、生动活泼。

后两句转而描述梅与雪的不同。就洁白程度而言，梅比雪要差三分，但雪却又输给梅一段清香。“三分”形容差得不多，“一段”将香气物质化，使人觉得香气可以测量。诗人寥寥数语写出梅与雪的不同特点，实在妙趣横生。在这里，诗人巧妙地说出二者的长处与不足：梅不如雪白，雪没有梅香，这既回答了“骚人阁笔费评章”的原因，也道出了雪、梅各执一端的根据。读罢全诗，我们可以看出作者写这首诗意在言外，诚如北京大学教授张鸣所言：“这两首都是说理的诗，第一首（指《雪梅》，编者注）告诉我们任何事物都是一分为二的，有长处必然也有短处。”

（谈永康）

思考题

1. 说说“梅雪争春未肯降”中“争”字好在哪里。

2. 请写出咏雪或者咏梅的诗句。

出　塞

王昌龄

秦时明月汉时关【互文，应为秦汉时明月秦汉时关】，万里长征人未还。

但使龙城飞将【指李广，被匈奴称为“汉之飞将军”，此处泛指英勇善战的将领】在，不教【不使】胡马度阴山。

集评

1. 明·杨慎：“此诗可入神品。‘秦时明月’四字，‘横空盘硬语’也。人所难解。……盖言秦时虽远征，而未设关，但在明月之地，犹有行役不逾时之意。汉则设关而戍守之，征人无有还期矣。所赖飞将御边而已。虽然，亦异乎守在四夷之世矣。”(《升庵诗话》)

2. 明·唐汝询：“匈奴之征，起自秦汉，至今劳师于外者以将之非人也。假令李广而在，胡人当不敢南牧矣。以月属秦、以关属汉者，非月始于秦，关起于汉也。意谓月之临关，秦汉一辙，征人之出，俱无还期，故交互其文，而为可解不可解之语。读者以意逆志，自当了然，非唐诗终无解也。”(《唐诗解》)

3. 清·沈德潜：“‘秦时明月’一章，前人推奖之，而未言其妙。盖言师劳力竭，而功不成，繇将非其人之故。得飞将军备边，边烽自熄。即高常侍《燕歌行》归重‘至今人说李将军也’”。(《说诗晬语》)

简析

王昌龄被称为“七绝圣手”，这首边塞诗是其代表作，表现了勃发的力量和昂扬的激情，堪称“盛唐骨格”。论者多关注到首句的互文，亘古常在的明月朗照关山，将诗境引向广袤辽远的时空，激起了人们的普遍共鸣。第二句写边塞战事不断，远征戍士难还，从古到今都是如此。诗人在三、四句直接表达了自己的期待。若有“龙城飞将”把守边关，则胡马不敢来犯，国家可得安宁。沈祖棻认为：“前用‘但使’，后用‘不教’，前后呼应，以假设之辞，表赞赏之意，充满了对古代英雄人物的景慕之情，则对现今将领的不满，自然不须明说。”（沈祖棻《唐人七绝浅释》，转引自韩兆琦《唐诗选注集评》，商务印书馆，2003：79.）由此可见，诗人以秦汉起笔，当有借古喻今之意。

绝句篇幅虽短，但能以小见大。“全诗借历史的旧典，融入当代的内涵，使诗的旨意具有一种叠加而成的丰富感，用语又甚为洗练，因此称为超越一时一地、具有永恒艺术机会的诗苑名作。”（章培恒、骆玉明《中国文学史新著（第二版）上卷》，复旦大学出版社，2017：454.）从诗人的个体经验上升为人类的普遍经验，作品由此拥有了超越时空的不朽价值。

（张慧腾）

思考题

1. 首句运用互文，请联系全诗，分析其表达作用。

2. 有人认为本诗格调慷慨激昂，也有人说本诗慷慨中寓悲凉，你如何理解？请阐释理由。

凉州词

王　翰

葡萄美酒夜光杯【美玉制成的酒杯，因夜间发光而得名】，欲【将要】饮琵琶马上催。

醉卧沙场【战场】君莫笑，古来征战几人回。

集评

1. 明·王世懋："于鳞选唐七言绝句，取王龙标'秦时明月汉时关'为第一，以语人，多不服。于鳞意止击节'秦时明月'四字耳。必欲压卷，还当于王翰'葡萄美酒'、王之涣'黄河远上'二诗求之。"（《艺圃撷余》）

2. 明·胡应麟："初唐绝，'蒲萄美酒'为冠；盛唐绝，'渭城朝雨'为冠；中唐绝，'回雁峰前'为冠；晚唐绝，'清江一曲'为冠。"（《书薮》）

3. 清·沈德潜："故作豪饮之词，然悲感已极。"（《唐诗别裁集》）

4. 清·施补华："作悲伤语读便浅，作谐谑语读便妙，在学人领悟。"（《岘佣说诗》）

5. 清·王世贞："'可怜无定河边骨，犹是深闺梦里人'，用意工妙至此，可谓绝唱矣。惜为前二句所累，筋骨毕露，令人厌憎。'葡萄美酒'一绝，便是无瑕之璧。盛唐地位不凡乃尔。"（《艺苑卮言》）

6. 清·徐增："此诗妙绝，无人不知，若非细细寻其金针，其妙亦不可得而见。若论顿挫，'葡萄美酒'一顿，'夜光杯'一顿，'欲饮'一顿，'琵琶马上催'一顿，'醉卧沙场'一顿，'君莫笑'一顿，凡六顿，

‘古来征战几人回’则方挫去。夫顿处皆截，挫处皆连，顿多挫少，唐人得意乃在此。”(《而庵说唐诗》)

7. 清·李锳：“意甚沉痛，而措语含蓄，斯为绝句正宗。”(《诗法易简录》)

简析

此诗是盛唐边塞诗的佳作，为王翰的代表作。全诗一气流转而壮丽豪迈，以豪饮写征战，别具一格。

前两句借助“葡萄酒、夜光杯、琵琶声”这些具有强烈边塞色彩的事物，把读者带入了边塞军中的宴饮场面。“欲饮琵琶马上催”此句，历来有不同的理解。一种意见认为此诗写于将士们即将上马出征时，琵琶声为催促之意，奠定了下文慷慨悲愤的基调。“此写从军将士临发之情事也。”(刘永济《唐人绝句精华》，人民文学出版社，2018：50.）施蛰存也说：“将军还想多喝几杯，可是军士们已骑上马，不便口头催促，只是拨响着琵琶。”(《唐诗百话》，陕西师范大学出版总社，2014：149.)

但也有不同的看法。富寿荪认为，“谓欲饮之际，闻马上弹奏琵琶劝酒。琵琶，《释名·释琵琶》：琵琶本出胡中，马上所鼓也。《乐府杂录·琵琶》：‘始自乌孙公主造，马上弹之。’催，唐诗宋词中有用作劝酒之意者，如李白《襄阳歌》：‘车旁侧挂一壶酒，龙管凤笙行相催。’”(《千首唐人绝句》，上海古籍出版社，1985：51.）赵其钧也认为，“这里的‘催’字，有人说是催出发，和下文似乎难以贯通；有人解释为催尽管催，饮还是照饮，也不切合将士们豪放俊爽的精神状态。‘马上’二字，往往又使人联想到‘出发’，其实在西域胡人中，琵琶本来就是骑在马上弹奏的。‘琵琶马上催’，是有意渲染一种欢快宴饮的场面。”(《唐诗鉴赏辞典》，上海辞书出版社，2017：414.)

此后，笔锋一转，“醉卧沙场君莫笑，古来征战几人回？”在这样热闹的场面中，想到的是什么呢？长歌当哭。俞陛云认为，诗言“檀柱拨伊凉之调，玉杯盛琥珀之光，拼取今宵沉醉，君莫笑其放浪形骸，战场高卧，但观白草萦骨，黄沙敛魂，能玉关生入者，古来有几人耶？唐人出塞诗，如归马营空，春闺梦断，已满纸哀音。此于百死中，姑纵片时之乐，语尤沉痛。”(《诗境浅说》，古吴轩出版社，2018：171.) 富寿荪评解，“前半写美酒琼杯，琵琶侑觞，着意渲染军中宴饮，以反跌下文。后半作折笔，悲慨而以豪旷语出之，弥觉沉郁苍凉，风致迥异。”(《千首唐人绝句》，上海古籍出版社，1985：52.) 作者明快的语言，跳动跌宕的节奏表现出将士们奔放狂热的激情，豪爽开朗的性格，以及他们将生死置之度外的广阔胸襟。

全诗含义复杂，令人悲喜交加，具有震慑人心的力量，千百年来，一直为人们所传诵。

（平丽娜）

思考题

1. 此诗是盛唐________诗的佳作，“欲饮琵琶”中的“欲”意思是________，“夜光杯”是指________。

2. 请结合内容，分析诗歌第三、四句表达了作者什么样的思想感情。

夏日绝句

李清照

生当为人杰，
死亦作鬼雄。
至今思【追思，怀念】项羽，
不肯过江东【长江在芜湖、南京间作西南、东北流向，古人习惯称自此以下的长江南岸地区为江东。项羽自刎前表示没颜面再见江东父老】。

集评

清·沈曾植：“又且谓易安倜傥，有丈夫气，乃闺阁中之苏、辛，非秦、柳也。”（《菌阁琐谈》）

简析

这首诗起笔落处，端正凝重，力透人胸臆，直指人脊骨。缪钺等人的《宋诗鉴赏辞典》说，诗的开头两句破空而起，势如千钧，先声夺人地将那种生死都无愧为英雄豪杰的气魄展现在读者面前，让人肃然起敬。后两句，点明“至今思项羽”的原因所在。在作者李清照看来，这种失败中表现出来的异乎寻常的英雄气概在宋廷南渡时尤显可贵。诗人盛赞“不肯过江东”的精神，实因感慨时事，借史实来抒写满腔爱国热情。陈祖美编的《李清照作品赏析集》提到，“至今”两字从时间与空间上将古与今、历史与现实巧妙地勾联起来，透发出借怀古以讽今的深刻用意。爱国激情，溢于言表，在当时确有振聋发聩的作用。南宋统治者不管百姓死活，只顾自己逃命；抛弃中原河山，苟且偷生。因此，诗人想起了项羽，借项羽的壮举鞭挞南宋当权派的无耻行径，正气凛然。

（秦　岭）

思考题

1. 本诗首句“生当作人杰”中的“当”能否改为“乃”或“要”字？谈谈你的思考。

2. 创作此诗距离项羽乌江自刎已经过去上千年了，作者为何要强调“至今思项羽”呢？请联系创作背景，谈谈你的理解。

四时田园杂兴【随兴而写的诗】（其二十五）

范成大

梅子金黄杏子肥，麦花雪白菜花【指油菜花】稀。
日长篱落【指篱笆】无人过，惟有蜻蜓蛱蝶【蝴蝶的一种】飞。

集评

1. 宋·吴沆："且如农桑樵牧之诗，当以《毛诗·豳风》及石湖《田园杂兴》比熟看，梦中亦解得诗，方有意思长益。"（《环溪诗话》）

2. 宋·方岳："范石湖《田园杂兴》，验物切近，但句律太费力气，于唐人之藩，尚窘步焉。"（《深雪偶谈》）

3. 清·宋长白："范石湖《四时田园杂兴》诗，于陶、柳、王、储之外，别设藩篱。王载南评曰：'纤悉毕登，鄙俚尽录，曲尽田家况味。'"（《柳亭诗话》）

简析

《四时田园杂兴》是诗人退居家乡后写的一组大型田园诗，共有六十首，本文是"其二十五"。

全诗都在写景，表现乡村生活的恬静祥和：初夏，一树树梅子变得金黄，杏子也日渐成熟；麦花开得一片雪白，油菜花正要结籽，倒显得稀稀落落。白天渐渐变长，篱笆的影子随着太阳的升高越来越短，没有人从旁边经过，只有蜻蜓和蝴蝶绕着篱笆飞来飞去。

这首诗前两句对仗工整：梅子金黄、麦花雪白；杏子肥、菜花稀。"黄、肥、白、稀"形象地描绘出初夏时节花果的颜色和形态，这四个词组合在一起，让人想到万物蓬勃生长的画面。后两句写夏季白天越来越长，正是农耕的好时节，农民早出晚归，所以此时院子的篱笆边很少有人经过。在这样的寂静中，只有蜻蜓、蝴蝶翩翩飞舞。这样写，以动衬静，静中有动，别有意趣。

全诗无一字言农事，无一语写劳动，然而，透过字里行间，农民繁忙劳作的情景仿佛就在眼前，透露出诗人对田园生活的热爱、对劳动人民的赞美。钱锺书先生评价范成大“晚年所作的《四时田园杂兴》不但是他的最传诵、最有影响的诗篇，也算得中国古代田园诗的集大成”（《宋诗选注》，人民文学出版社，2017：199.）。

（谈永康）

思考题

1. 这首诗用梅子黄、________、________和________，描写了________（季节）南方农村的景物特点。

2. 想一想，说一说，为了写农民的勤劳，诗人是怎样进行侧面描写的？

宿新市徐公店

杨万里

篱落疏疏【稀疏】一径【小路】深，
树头新绿未成阴【树荫】。
儿童急走【奔跑】追黄蝶，
飞入菜花无处寻。

集评

宋·杨万里："老夫不是寻诗句，诗句自来寻老夫。"(《朝天续集》)

简析

这首诗描写一幅春末夏初交替时农村景色，着力刻画出了儿童天真烂漫的嬉戏情景。诗人对自然景物有着特别浓厚的兴趣，观察非常细致，所描绘的画面如蒙太奇镜头，一幅幅画面接踵而来。诗中一、二两句用自然流畅的词句，写出春夏之间的景色。"疏疏一径深""新绿未成阴"，别具春夏交接时景物的特征。第三四句转写孩童，用"追黄蝶""飞入菜花无处寻"，描绘了儿童追赶黄蝶，黄蝶飞入黄色的菜花中，分不清哪个是黄蝶，哪个是黄花。寥寥几语，诗人就将儿童的天真活泼、好奇好胜的神态和心理刻画得惟妙惟肖，跃然纸上。也正是这天真烂漫的童真稚趣为诗歌整体意境带去了一丝快乐和欢愉，充满着生活气息。此外，杨万里在画面捕捉上，总是侧重于景物的动态描写，这也是杨万里的诗歌具有特殊的艺术魅力的奥妙所在。

（杨俊杰）

思考题

1.“儿童急走追黄蝶”中的“黄蝶”能否改成“蝴蝶”？为什么？请结合最后一句作简要分析。

2. 这首诗写了春末夏初的郊野田间景象，诗人运用什么表达技巧表达了怎样的思想情感？

清平乐·村居

辛弃疾

茅檐低小，溪上青青草。醉里吴音【吴地的方言】相媚好【指相互逗趣，取乐】，白发谁家翁媪【翁媪(ǎo)：老翁、老妇】？

大儿锄豆溪东，中儿正织【编织】鸡笼。最喜小儿亡赖【指小孩顽皮、淘气。亡，通“无”】，溪头卧剥莲蓬。

集评

1. 俞平伯：“本篇客观地写农村景象，老人们有点醉了，大的小孩在玩耍。笔意清新，似不费力。下片虽似用口语写实，但大儿、中儿、小儿云云，盖从汉乐府《相逢行》：‘大妇织绮罗，中妇织流黄，小妇无所为，挟瑟上高堂’化出，只易三女为三男耳。”(《唐宋词选释》)

2. 胡云翼：“这首词环境和人物的搭配是一幅极匀称的自然的图画。老和小写得最生动。‘卧剥莲蓬’正是‘无赖’的形象化。”(《宋词选》)

简析

此词作于辛弃疾闲居带湖期间。由于辛弃疾始终坚持爱国抗金的政治主张，从二十一岁南归以后，他一直遭受当权投降派的排斥和打击。他长期未得任用，以致在信州（今江西上饶）闲居达二十年之久。理想的破灭，使他在隐居中更加关注农村生活，写下了大量的闲适词和田园词。这首《清平乐·村居》就是其中之一。杨忠《辛弃疾词选译》：“此词则以人物为主体，描绘了和谐、美满，富有情趣的一家人，充满了生活气息。”作者把这家老小的不同面貌和情态，以及他们美好的农家生活描写得有声有色，惟妙惟肖，活灵活现，具有浓厚的生活气息，表现出作者对农村和平宁静生活的喜爱。徐中玉、金启华《中国古代文学作品选》认为全词纯用白描，直陈其事，表现人物情态特征，惟妙惟肖，情趣盎然。从作者一生始终关心宋朝恢复大业来看，他向往这样的农村生活，因而会更加激起他抗击金兵、收复中原、统一祖国的爱国热忱。就当时的情况来说，在远离抗金前线的村庄，这种和平宁静的生活，也是存在的，此作并非是作者主观想象的产物，而是现实生活的反映。

（杨等华）

思考题

1. 刘熙载说“词要清新”，“澹语要有味”（《艺概·词曲概》），辛弃疾此作即具有此特点，请从描写手法、结构和构思等方面加以分析。

2. 有人认为“最喜小儿无赖，溪头卧剥莲蓬”中“卧”用得好，请分析。

芙蓉楼送辛渐

王昌龄

寒雨连江夜入吴【吴与下句的楚皆指送别之地润州，其地古时先属吴、后属楚】，平明送客楚山孤。

洛阳亲友如相问，一片冰心【像冰一样晶莹、纯洁的心】在玉壶【指用玉做成、晶莹剔透的盛酒器，形容人的纯洁与正直】。

集评

1. 明·陆时雍："炼格最高。'孤'字自作一语。后二句别有深情。"（《唐诗镜》）

2. 清·宋顾乐："唐人多送别妙作。少伯诸送别诗，俱情极深，味极永，调极高，悠然不尽，使人无限留连。"（《唐人万首绝句选评》）

3. 清·黄叔灿："上二句送时情景，下二句托寄之言，自述心地莹洁，无尘可滓。本传言少伯'不护细行'，或有所为而云。"（《唐诗笺注》）

4. 俞陛云："恬退之人，借送友以自写胸臆，其词自潇洒可爱。玉壶本纯洁之品，更置一片冰心，可谓纤尘不染。其对洛阳亲友之意，乃自愿隐沦，毋烦招致。洛阳虽好，宁动冰心。左太冲诗：'峨峨高门内，蔼蔼皆王侯。自非攀龙客，何为欻来游'，正与同意。"（《诗境浅说续编》）

简析

这首诗构思别致，前两句写景，寓情于景，后两句言志，写的是自己。即景生情，情蕴景中，在抒发与朋友的离情别绪中，又表白了自己的志向与品格。“本诗首句是雨夜饯别，二句是平明相送，‘入’字与‘送’相呼应。三句是临别致意，并且辛渐系回洛阳，‘相问’是问自己近状，四句却出人意料，不说思念之情，不说客居之感，偏说自己光明磊落，清廉自守，如片冰之在玉壶，可以告慰诸亲友，在文字上是奇特的结法，在事实上是提高自己的人格。”（喻守真《唐诗三百首详析》，中华书局，1957：293.）

“王昌龄曾被贬为龙标尉，这篇诗当是其人从贬所回到江宁以后所作”（程千帆　沈祖棻选注《古诗今选（上）》，上海古籍出版社，1983：169.）。据《唐才子传》和《河岳英灵集》记载，王昌龄不拘小节，同时人殷璠说王昌龄“晚节不矜细行，谤议沸腾”。开元二十七年王昌龄被贬岭南，从岭南归来后，被任为江宁丞，几年后再次被贬谪到更远的龙标，可见当时诗人正处于众口交毁的舆论环境中。早在六朝时期，诗人鲍照就在《代白头吟》中用“清如玉壶冰”比喻高洁清白的品格。开元宰相姚崇作《冰壶诫》，提出“内怀冰清，外涵玉润，此君子冰壶之德也”。诗人托辛渐给洛阳亲友带去的口信不是通常的竹报平安，而是以冰心玉壶自喻，“正是作者针对‘谤议’向亲友自明心迹”（霍松林《霍松林选评唐诗360首》，陕西师范大学出版社，2017：61.），表示自己不会为宦情所污，以此宽慰洛阳的亲友。施蛰存先生提出“玉壶冰的意义是比喻为官廉洁清正”，“说自己做官，一定守冰壶之戒”（施蛰存《唐诗百话》，上海古籍出版社，1987：173.）。总之，“这层意思，用一个传统的形象作为比喻来说出，就既委婉又有力量”（程千帆　沈祖棻，同上）。

（谈永康）

思考题

1. 跟同学们讨论：第二句诗中的“孤”字写出了什么？

2. 请你们展开想象，友人到洛阳见到了王昌龄的亲人，洛阳亲友最想问的是什么？他们之间会有怎样的对话？跟同伴先演一演，再写下来。

亲人：听说你见到我家昌龄了？

友人：是的，昌龄兄托我带来对你们的问候。

亲人：________________________

友人：________________________

塞下曲

卢　纶

月黑雁飞高，单于夜遁【逃走】逃。
欲将轻骑逐，大雪满弓刀。

集评

1. 明·胡震亨："卢诗开朗，不作举止；陡发惊彩，焕尔触目。"（《唐音癸签》）

2. 明·唐汝询："独此绝雄健，堪入盛唐乐府。"（《唐诗解》）

3. 俞陛云："唐人善边塞诗者，推岑嘉州。卢之四诗，音词壮健，可与扛手。"（《诗境浅说》）

简析

卢纶，"大历十才子"之一。在其创作的诗歌中，边塞诗最受瞩目。该诗为其代表作，写克敌制胜之事，偏又不直接从正面描绘，而是写雪夜闻警，准备追击之事，诗势紧凑，气氛肃杀，如一张拉满的强弓，只待将在弦之箭疾射出去；作者又戛然而止，将后来杀敌之景留于读者想象，所谓言有尽而意无穷，真正神来之笔。"月黑雁飞高"可以入画，栩栩如生；"大雪满弓刀"则给人一种豪迈洒脱的美感。

（丁蕾蕾）

思考题

1. 读一读，读出这首诗中的豪迈之情。

2. 说一说，请想象这首诗中所描绘的雪夜追敌的场面，与你小伙伴交流一下。

墨　梅

王　冕

我家洗砚池【相传位于会稽，晋代大书法家王羲之临池学书，常年在此洗砚，池水为黑色】头树，朵朵花开淡墨痕。

不要人夸好颜色，只留清气【引申为光明正大之气】满乾坤【天地，此指人间】。

集评

1. 明·宋濂："结茅庐三间。自题为梅花屋，尝仿《周礼》著书一卷，坐卧自随，秘不使人观。"（《明史·王冕传》）

2. 明·郎锳："（王冕）平生嗜画梅，画成未尝无诗也"（《七修类稿》）。

简析

《墨梅》（我家洗砚）选自《竹斋集》。诗人为歌咏自己所描绘的画作，特意写下4首题画诗，此为第3首。

全诗前两句正面写墨梅，画中小池边的梅树，花朵盛开，朵朵梅花都是用淡淡的墨水点染而成的。这是画境，也是诗人的实际生活。（上海辞书出版社文学鉴赏辞典编纂中心编《元明清诗三百首鉴赏辞典》，上海辞书出版社，2012：48.）

后两句盛赞墨梅的高风亮节。它由淡墨画成，外表虽然并不娇艳，但具有神清骨秀、高洁端庄、幽独超逸的内在气质；它不想用鲜艳的色彩去吸引人，讨好人，求得人们的夸奖，只愿散发一股清香，让它留在天地之间。这两句正是诗人的自我写照。王冕自幼家贫，白天放牛，晚上到佛寺长明灯下苦读，终于学得满腹经纶，而且能诗善画，多才多艺。但他屡试不第，又不愿巴结权贵，于是绝意功名利禄，归隐浙东九里山，作画易米为生。“不要人夸好颜色，只留清气满乾坤”两句，表现了诗人鄙薄流俗，独善其身，不求功勋的品格。

全诗借咏画赞梅，借梅抒怀，以梅的特点象征人的气质。语言刚健朴实。（王烈夫编著《中国古代文学名篇注解析译（第 3 册）》，武汉出版社，2016：777.）通过梅花品格的描述，把清高正直之气寄寓其中，表现了作者不向世俗迎合的高洁操守。（李寅生《中国古典诗文精品读本》，国家行政学院出版社，2013：777.）

（申　龙）

思考题

1.《墨梅》里的梅花有什么特点？

2. 小明学习了《墨梅》之后觉得很有收获，他想把学到的道理告诉你，你觉得他会说些什么？

示 儿

陆 游

死去元知万事空，
但【只是】悲不见九州【古代中国分为九州，常用九州指代中国】同。
王师北定中原【指淮河以北被金人侵占的地区】日，
家祭无忘告乃翁【你的父亲，指陆游自己】。

集评

1. 宋·林景熙："来孙却见九州同，家祭如何告乃翁!"(《书陆放翁诗卷后》)

2. 明·徐伯龄："矍铄哉此老！可谓没齿不忘朝廷者也矣。较之宗泽三呼渡河之心。何以异哉!"(《蟫精隽》)

3. 明·胡应麟："忠愤之气，落落二十八字间。林景熙收宋二帝遗骨，树以冬青为诗记之，复有歌题放翁卷后云：'青山一发愁濛濛，干戈况满天南东。来孙却见九州同，家祭如何告乃翁?' 每读此，未尝不为滴泪也。"(《诗薮》)

4. 清·赵翼："临殁犹有'王师北定中原日，家祭无忘告乃翁'之句，则放翁之素志可见矣。"(《瓯北诗话》)

简析

《示儿》是宋代诗人陆游的绝笔。在弥留之际，他还是念念不忘被霸占着的中原领土和人民，热切地盼望着祖国的重新统一，因此他特地写这首诗作为遗嘱，谆谆告诫自己的儿子。首句写人离开此世应"万事空”，世上所有的万事万物应该对他不再有任何意义，但“二句‘但’字一转，引出‘不见九州同’，突出一个‘悲’字”（姚奠中《唐宋绝句名篇评析》，商务印书馆，2017：460.）。全诗语言不假雕饰，直抒胸臆，“诗中所蕴涵和积蓄的情感是极其深厚、强烈的，但却出之以极其朴素、平淡的语言，从而自然达到真切动人的艺术效果”（《宋诗鉴赏辞典》，上海辞书出版社，1987：1011.）。我们可以感受到诗人的爱国激情是何等的执着、深沉、热烈、真挚！他叮嘱儿子“家祭无忘告乃翁”，教儿子“无忘”，正见自己的念念不“忘”。

（金　怡）

思考题

1. 诗人陆游临终前的遗恨是____________________，遗愿是____________________。（用诗中原句填写）

2. 请你查一查资料，中国在古代的名称有______________、______________和______________等。

（谈永康）

题临安邸

林　升

山外青山楼外楼，西湖歌舞几时休。
暖风熏得游人醉，直把杭州作汴州。

集评

1. 元·李有载："驿路有白塔桥，印卖朝京里程图。士大夫往临安，必买以披阅。有人题壁曰：'白塔桥边卖地经，长亭短驿甚分明。如何只说临安路，不较中原有几程？'与林升之作，可谓貌异心同。"（《古杭杂记》）

2. 明·田汝成："绍兴、淳熙间，颇称康裕。君相纵逸，耽乐湖山，无复新亭之泪。士人林升者，题一绝于旅邸云云。"（《西湖游览志余》）

简析

诗歌前两句写南宋统治集团寻欢作乐的荒淫腐朽。首句以重叠事物名，写青山连绵、楼台层叠的胜地风光。次句点题，在青山绿水之间，一片金碧辉煌的楼台，到处轻歌曼舞。诗人用责问的语气，抨击了统治者酣歌醉舞的享乐糜烂的生活。后两句，写南宋统治集团醉生梦死、偏安江南。有暖日和风的气息，有花木的气息，有美酒佳肴的气息，有香脂腻粉的气息，使游人沉醉，把西湖弄得乌烟瘴气，令人错把杭州当汴州。这种恶劣的社会风气加深了国家、民族的灾难。诗人在尖锐的讽刺中，寄寓了极大的忧愁和愤懑。（王烈夫编《中国古代文学名篇注解析译》，武汉出版社，2016：338.）

作者深切地关注着祖国的命运，对沉迷歌舞生活，全然不想收复北方失地的南宋统治集团，予以辛辣的讽刺。这是那个时代具有代表性的名作，为后世广为传诵，并常用以鞭挞醉生梦死者。（左振坤《历代爱国诗文选》，天津人民出版社，1985：88.）

（顾光宇）

思考题

1. “暖风”“游人”在诗中有怎样的含义？

2. 诗歌如何表达作者的思想感情的？

己亥杂诗

龚自珍

九州生气恃风雷，万马齐喑【yīn，没有声音】究可哀。
我劝天公重抖擞，不拘一格降【降生】人才。

集评

1. 梁启超：“光绪间所谓新学家者，大率人人皆经过崇拜龚氏之一时期……然今文学派之开拓，实自龚氏。”(《清代学术概论》)

2. 郁达夫：“我觉得有一种法子，最为巧妙。其一是辞断意连，其二是粗细对称。近代诗人中，唯有龚定庵最擅于用这秘诀。”(《谈诗》)

简析

1839 年，48 岁的龚自珍辞官南归，在归途中，他写下了著名的《己亥杂诗》，共 315 首。龚自珍曾作过自序，说明此诗是应道士之求而作。然而，这首诗的真正意涵远非如此简单。龚自珍借这首诗抒发自己的心中意气。他表达的是对清王朝上上下下一片晦暗无声的不满，对统治者限制选用人才的愤懑，希望“大风大雷”的出现，震响天地，荡涤污浊，让社会焕发出生机勃勃的景象，让人才自由而充满活力地生长。遗憾的是，龚自珍仕途不顺，其政治主张并不为当政者所采纳，最终只能沉居下僚。

（刘鹏程）

思考题

1.《己亥杂诗》是作者创作的一组诗，“________________，化作春泥更护花”是其中的名句之一。

2. 这首诗表达了作者怎样的思想感情？

山居秋暝【日落时分，天色将晚】

王 维

空山新雨后，天气晚来秋。
明月松间照，清泉石上流。
竹喧归浣女，莲动下渔舟。
随意春芳歇【尽】，王孙【原指贵族子弟，此处为作者自指】自可留。

集评

1. 唐·殷璠："维诗词秀调雅，意新理惬，在泉成珠，着壁成绘。"（《河岳英灵集》）

2. 明·唐汝询："此见山居之佳也。"（《唐诗解》）

3. 清·张谦宜："'空山'两句，起法高洁，带得通篇俱好。"（《絸斋诗谈》）

4. 高步瀛："随意挥写，得大自在。"（《唐宋诗举要》）

简析

本诗乃王维隐居终南山时所作，描绘了秋雨初霁后傍晚时分山村的清新优美和山居村民的淳朴自然。

诗人以"空山"起笔，点出此地有如世外桃源，再加上静谧的月光与流淌的清泉，动静结合，以"一种超然物外的态度表现了对大自然的观照，所状之景灵动变幻而又清寂空明"（汪涌豪，骆玉明《中国诗学（第二卷）》，东方出版中心，1999：100.）。随后，浣女归来竹林，发出一阵喧笑声，渔船穿过荷花，又荡起一阵荷波。人与自然和谐完美地融合在一起，犹如一幅优美清新有灵气的山水画，体现了王维诗中有画的创作特点。对此，诗人不由感慨："王孙自可留"，世外桃源已经找寻到，何不远离官场！

本诗是借对山水清新优美景色的描绘来表达作者高洁的情怀和对理想世界的追求，诗中意象清泉、青松、翠竹、青莲，无一不是诗人高尚情操的写照，正所谓"不欲仕宦之意可见"。

（倪俊娟）

思考题

1. 用来寄托主观情思的客观物象叫做"意象"，你能发现王维在这首诗歌中用了哪些意象么？这些意象表达了作者怎样的情思呢？

2. 苏轼评价"味摩诘之诗，诗中有画……"，《山居秋暝》就是一首"诗中有画"的佳作，给我们展示了多幅画面，有"月照松间图"，有"泉流石上图"，还有"浣女晚归图"，你最喜欢那幅画呢？能否用自己的语言描绘一下？

枫桥夜泊

张　继

月落乌啼【乌鸦啼鸣】霜满天，江枫渔火【渔船上的灯火】对愁眠。
姑苏城外寒山寺，夜半钟声到客船。

集评

1. 宋·朱长文：“旧或误为‘封桥’，今丞相王郇公顷居吴门，亲笔张继一绝于石，而‘枫’字遂正。”（《吴郡图经续记》）

2. 俞陛云：“不过夜行纪事之诗，随手写来，得自然趣味。”（《诗境浅说》）

简析

张继的诗流传下来的不到50首，大多没有什么名气，唯有这首《枫桥夜泊》，成为中国诗歌史上的千古绝唱，而且深刻影响着现实世界，枫桥、寒山寺因该诗而闻名于世。“以张继一诗，脍炙人口，至日本人，尤妇孺皆知。”（陈衍《石遗室诗话》）清初诗论家叶燮也形容说这首诗“人人童而习之”。

这首诗共二十八字，写了一连串的景物：残月、栖鸦、枫树、渔舟、寺院、客船加上诗题中点明的“枫桥”和不言而喻的江水，一共是八景。可说是句句皆景，字字有景。经诗人妙手的组合，这些平常之景，便构成了一幅层次分明、意境深远、动人情思的画。多样景物、多样色彩，在微茫的星光以及“一灯如豆”的渔火的掩映下，彼此映衬，交互呼应，烘托出秋的凄清和夜的幽静。

（刘鹏程）

思考题

1. 姑苏是个地名，隶属今天的________（地名）。

2. 你还知道哪些古诗中包含地名？请举例。

长相思

纳兰性德

山一程，水一程，身向榆关那畔行，夜深千帐灯。

风一更【旧时一夜分五更，每更大约两小时】，雪一更，聒碎乡心梦不成，故园无此声。

集评

1. 清·蔡嵩云：“纳兰小词，丰神迥绝，尤工写塞外荒寒之景，殆扈从时所身历，故言之亲切如此。”(《柯亭词论》)

2. 王国维：“‘明月照积雪’‘大江流日夜’‘中天悬明月’‘长河落日圆’，此种境界，可谓千古壮观。求之于词，唯纳兰性德塞上之作，如《长相思》之‘夜深千帐灯’，《如梦令》之‘万帐穹庐人醉，星影摇摇欲坠’差近之。”(《人间词话》)

简析

《长相思》是纳兰性德作为康熙皇帝御前侍卫随驾出行时写下的一首词。康熙二十一年（1682年），康熙帝因云南平定，出关东巡，祭告奉天祖陵。诗人随从康熙帝诣永陵、福陵、昭陵告祭。塞上风雪凄迷，诗人用质朴的语言描绘出将士们长途跋涉的情景，抒发了思乡之情。

词的上阕从白天行军写到晚上驻扎，将士们翻过一座座山，涉过一条条河，向山海关那边进发。夜已深，营地上千顶帐篷都亮着灯。下阕写风刮了一更又一更，雪下了一更又一更，诗人在营中卧听风雪的吼叫，思乡情油然而生。上阕将“一程”二字重复使用，突出了路途漫漫，行军艰难。下阕“一更”二字反复出现，突出了塞外风雪不止，诗人辗转反侧，卧不成眠。“聒碎乡心梦不成”与“夜深千帐灯”相呼应，直接回答了深夜不寐的原因。结句的“聒”字既写出风狂雪骤的气势，又表现诗人对狂风暴雪极为厌恶的情感。

“夜深千帐灯”既是上阕感情酝酿的高潮，也是上、下阕之间的自然转换——经过日间长途跋涉，到了夜晚人们在旷野上搭起帐篷准备就寝；然而夜深了，“千帐”内却灯光熠熠，这是因思乡而失眠，于是转入下阕乡情思恋之笔。这首词以白描手法，以朴素自然的语言，表现出真切的情感。今人严迪昌在《清词史》中写道：“‘夜深千帐灯’是壮丽的，但千帐灯下照着无眠的万颗乡心，又是怎样情味？一暖一寒，两相对照，写尽了一己厌于扈从的情怀。”（严迪昌《清词史》，凤凰出版社，1999.）

（谈永康）

思考题

1. 找出词中表达主旨的句子。

2. 判断，下面对这首诗的理解不正确的一项是________。

A. 诗人随着大队人马向山海关外进发，一路上跋山涉水，历尽辛苦。

B. 众多的帐幕里深夜还亮着灯，出行在外的人久久不能入睡，苦不堪言。

C. 一阵风过后接着一阵雪，使词人心烦意乱，思乡之情便油然而生。

D. 这首词描绘了词人出行关外的艰辛和凄苦，抒发了词人浓郁的思乡之情。

四时田园杂兴（其三十一）

范成大

昼出耘田夜绩麻，
村庄儿女各当家【各人都担任一定的工作】。
童孙未解供【从事，参加】耕织，
也傍桑阴学种瓜。

集评

1. 宋·吴沆：“且如农桑樵牧之诗，当以《毛诗·豳风》及石湖《田园杂兴》熟看，梦中亦解得诗，方有意思长益。”（《环溪诗话》）

2. 清·宋长白：“纤悉毕登，鄙理尽录，曲尽田家况味。”（《柳亭诗话》）

简析

《四时田园杂兴》是南宋诗人范成大退居家乡后所作的一组七绝田园诗，共60首，宛如乡村生活的长幅画卷。

此诗中，诗人没有赋予诗中景物以过多的主观色彩，而是以一位忠实的观众身份讴歌了吴地农村初夏时节紧张却愉快的生活。“乡村四月闲人少”（翁卷《乡村四月》），不仅大人们“昼出耘田夜绩麻”“各当家”，投入到紧张忙碌的农事中，连“童孙”都在耳濡目染之下，“也”在繁茂的桑树底下学起了种瓜，可谓意趣横生。这不仅表现了儿童的天真烂漫，淳朴可爱，更是烘托了“村庄儿女”的勤劳质朴。也恰于此，钱锺书评范成大的田园诗“使脱离现实的田园诗有了泥土和血汗的气息”“中国古代田园诗的集大成”(《宋诗选注》，生活·读书·新知三联书店，2002：311-313.)。

（倪俊娟）

思考题

1. 诗人用清新的笔调，描写了初夏时农村紧张的劳动场面：村庄儿女“________”“________”，童孙虽然不能参加大人的劳动，但是可以“________”。(空格处填入原文)

2. 通过描写天真烂漫的儿童来增加表现力与感染力是诗歌常用的方法，你能否再写出一到两句类似的诗句？

稚子弄冰

杨万里

稚子【幼小的孩子】金盆脱晓冰，彩丝穿取当银钲【一种金属打击乐器，形状像钟，有长柄】。

敲成玉磬【一种打击乐器，形状像曲尺】穿林响，忽作玻璃【古时候的一种天然玉石，也叫水玉】碎地声。

集评

宋·周必大："至于状物姿态，写人情意，则铺叙纤悉，曲尽其妙，笔端有口，句中有眼。"(《益国文忠公集》)

简析

《稚子弄冰》是南宋诗人杨万里所作。

古诗描摹了幼小的孩童在严寒天气里弄冰玩耍、自得其乐的场景：清晨，满脸稚气的小孩将夜间冻结在金属盆中的冰块取出，用彩丝穿起来，提在手中，当作钲。小孩轻轻敲打，清脆的响声穿林而过。忽然，冰块落地，那声音像美玉摔碎在地上一样。诗中孩子弄冰的场景，充满了稚趣和乐趣。首句描写幼童以冰为"钲"，向我们展示了贪玩又聪明的孩子形象。后两句写孩子敲着冰钲玩乐，冰钲落地。我们可以想象，孩童定然懊恼可惜。

天寒地冻，孩童"弄冰"为乐。这让天真的儿童忘却了严冬的寒冷。诗人抓住儿童敲打冰块的声音，以"玉磬穿林响"写其高亢，以"玻璃碎地声"写其清脆，表达对孩童的喜爱之情。

杨万里作为“中兴四大诗人”之一，他“欣赏的作家有很多”，“他的目的是作出活泼自然的诗”（钱锺书《宋诗选注》，人民文学出版社，2017：215.）。《稚子弄冰》无疑是一首“活泼自然”的诗。

（谈永康）

思考题

1. 诗中提到的乐器有________和________。诗人杨万里在这里采用了________的修辞手法来写小孩子冬日玩冰的调皮可爱。

2. 天寒地冻时，你是不是也想跟诗中的稚子那样玩冰？按照诗中稚子的玩法，我们可以这样做：

（1）____

（2）____

（3）____

村　晚

雷　震

草满池塘水满陂【池塘】，

山衔【口里含着，此指落日西沉，半挂在山腰，像被山咬住了】落日浸【淹没】寒漪【寒冷的水波】。

牧童归去横牛背【横坐在牛背上】，

短笛无腔【曲调】信口【随口】吹。

简析

据史料记载，作者雷震生平不详。《江西通志》卷五十一载，他是江西南昌人，宋度宗咸淳元年进士，其时，据南宋灭亡已不远了。之所以提及这个背景，其实是要表达，身处于这样一个时代更替乱世，诗人会多么渴望得到一种和平安宁的生活。从全诗的意境看，诗人正是以一种特别欣赏的目光去注视身边的一切，又以细腻的笔触去描绘这一切，然后又以非常陶醉的心情完全地沉浸在这风光恬静优美、生活闲适自在的环境之中。

作者首先写到池塘里的青草，诗中连用两个“满”字，生动形象地再现了黄梅雨后，水满草茂，欣欣向荣，生机盎然的图景。第二句则刻画了晚风吹拂，夕阳西下，阳光同池中的碧波相映，泛起一层轻烟，在这夏日的黄昏下，一切都使人倍感惬意。第三、四句作者将笔触转向了忙碌了一天的农人，人们回家歇息的时分也是乡居生活一天之中的高潮。作者独具匠心，将目光聚焦在放牧归来的牧童身上。三五成群的牧童无拘无束地横跨在牛背上，拿出短笛自由自在地“信口”吹着，而不管成调不成调。作者把牧童天真活泼、优哉游哉、自得其乐的神情刻画的栩栩如生，活灵活现。这是一首悠闲飘逸的田园牧歌式的作品，在随心所欲的与天然恣纵的画面中，我们可以清晰地感悟诗人对美好生活的向往与追寻，可这样的画面又透露出南宋遗民多少无奈和彷徨。

（申　龙）

思考题

1. 本诗第二句中“衔”和“浸”二字用得形象生动，请加以赏析。
2. 本诗后两句刻画了一位怎样的牧童形象？

从军行

王昌龄

青海长云暗雪山，
孤城遥望玉门关。
黄沙百战穿【磨破】金甲【金属制的铠甲】，
不破楼兰【汉代西域国名，这里泛指当时骚扰西北边疆的敌人】终不还。

集评

1. 唐·皎然："首句长云迷漫，雪山亦暗，有不甚明见之意。二句惟见有孤城，遥而望之，系玉门关云，起势远甚。三句在黄沙之地已经百战，终穿上金甲，转得突兀。四句不破楼兰不还，如顺流之舟矣，结句壮甚。"(《诗式》)

2. 清·张文荪："清而庄，婉而健，盛唐人不作一凄楚音。"(《唐贤清雅集》)

3. 清·沈德潜："作豪语看亦可，然作归期无日看，倍有意味。"(《唐诗别裁集》)

4. 清·黄叔灿："玉关在望，生入无由，青海雪山，黄沙百战，悲从军之多苦，冀克敌以何年。'不破楼兰终不还'，愤激之词也。"(《唐诗笺注》)

5. 俞陛云："首二句乃逆挽法。青海云低，雪山云暗，其地已在玉门关外。次句所谓遥望者，乃从青海回望孤城，见去国之远也。后二句谓确斗无前，黄沙百战，虽金甲都穿，誓不与骄虏共戴三光。胜概英风，可谓烈士矣。东坡《赠张继愿》诗‘受降城下紫髯郎，戏马台前古战场。恨君不斩契丹首，金甲牙旗归故乡’，雄健与此诗相似。”(《诗境浅说》)

简析

《从军行》是乐府旧题，内容多写军旅生活。《从军行》共有 7 首，此为第四首。这首诗的前两句展现出西北边陲悲壮、开阔而又迷茫黯淡的景象，后两句则写出戍边将士们面对大漠风沙和艰苦激烈的战斗依然坚定的报国壮志和满腔豪情。整首诗境界阔大，虽也提及战争的艰苦，但整首诗雄壮有力，毫不感伤。正如刘学锴先生所说，“盛唐优秀边塞诗的一个重要的思想特色，就是在抒写戍边将士的豪情壮志的同时，并不回避战争的艰苦，本篇就是一个显例。可以说，三四两句这种不是空洞肤浅的抒情，正需要有一二两句那种含蓄丰富的大处落墨的环境描写。典型环境与人物情感高度统一，是王昌龄绝句的一个突出优点，这在本篇中也有明显的体现”(《唐诗鉴赏辞典》，上海辞书出版社，1987：117.)。刘永济先生也评论道：“第三首又换一意，写思归之情而曰‘不破楼兰终不还’，用一‘终’字而使人读之凄然。盖‘终不还’者，终不得还也，连上句金甲着穿观之，久戍之苦益明，如以为思破敌立功而归，则非诗人之本意矣。”(《唐人绝句精华》，武汉大学出版社，2013：40.)

（朱洁文）

思考题

1. 这首诗中“长云”的意思是（　　）。

2. 以下对这首诗内容的分析，不恰当的一项是（　　）

A.“青海长云暗雪山，孤城遥望玉门关”一句中“暗”和“孤”二字写出边塞生活的艰苦，奠定了全诗悲伤的感情基调。

B.“黄沙百战穿金甲”一句的意思是黄沙滚滚，战斗频繁，战士们穿着坚固的铠甲奋勇杀敌。

C.“终不还”中一个“终”字表达了将士们夺取胜利的决心。

D. 这首诗描写了西北边塞将士们艰苦的生活环境，歌颂了边关将士为国家献身的精神，风格激越雄壮。

秋夜将晓出篱门迎凉有感

陆　游

三万里河东入海，五千仞【长度单位。“五千仞”形容极高】岳上摩天。

遗民泪尽胡尘【指金统治地区的风沙，这里借指金政权】里，南望王师又一年。

集评

清·姚鼐：“放翁激发忠愤，横极才力，上法子美，下揽子瞻，裁制既富，变境亦多。”(《今体诗钞序目》)

简析

陆游“辛勤地写作了一生”，集中存诗共有九千三百多首。“在陆游所写的巨量诗作中，始终贯注在作品中的鲜明特色，是爱国主义精神。”(中国社会科学院文学研究所《中国文学史》，人民文学出版社，1990：751.)《秋夜将晓出篱门迎凉有感》作于宋光宗绍熙三年（1192 年），陆游时 68 岁。

前两句描写黄河和华山，对仗工整，意境雄浑。通过“三万里”“五千仞”的夸张写法，以及“入”“上”两个动词的运用，“以奇情壮采展现了北中国的壮丽河山”(霍松林《宋诗举要》，安徽师范大学出版社，2015：289.)。山河越是美好，诗人心中就越痛，“写中原地区河山的雄伟，痛心其长期沦敌”(朱东润主编《中国历代文学作品选》(下册)，上海古籍出版社，1981：65.)。

后两句笔锋一转，由北方的景物联想到那些在金统治区的遗民百姓，写那壮丽山河里如今在“胡尘”艰难度日的“遗民”们眼巴巴地“南望王师”来解救他们，又望了一年，还是望不见“王师”的踪影，眼泪已经流尽！“此诗妙处在于，感慨由虚景生发，运用诗思从对面飞来手法，明明是诗人北望而有感，却出以遗民‘泪尽’‘南望’而有情，感慨便加深一层。”（邹志方《陆游诗词选》，中华书局，2005：130-131.）

南宋一代，当权的始终是投降派。陆游在《追忆征西幕中旧事》诗里写到中原遗民冒险通报敌情的爱国行为：“关辅遗民意可伤，蜡封三寸绢书黄。亦知虏法如秦酷，列圣恩深不忍忘。”陆游认为这是恢复中原的有力保证。但是统治集团却绝无恢复之意。《秋夜将晓出篱门迎凉有感》对“渴望恢复的北方人民的无限同情，和对无比壮丽的祖国河山的热情歌颂，正是对南宋小朝廷‘如此江山坐付人’的罪行的有力鞭挞”（游国恩《中国文学史》（三），人民文学出版社，1964：121.）。

山河如此雄伟，民心如此思归，“我们堂堂中国为何总不能振作起来而有所作为呢？‘王师’北伐就那么困难？朝廷里享受着厚禄的当权者难道就忍心让千百万‘遗民’年复一年地受金人的欺压蹂躏而永远失望吗？如此等等，都是这首小诗中所包含的潜台词”（蔡义江《陆游诗词选评》，上海古籍出版社，2003：152-153.）。

“情景交融，境界阔大，感慨深沉”，这是霍松林先生对此诗的评价。钱锺书先生认为“白居易《西凉伎》曾说：‘遗民肠断在凉州，将卒相看无意收。’这种语意在南宋人诗词里变得更为痛切了”（钱锺书《宋诗选注》，人民文学出版社，2017：193.）。诚哉此言。

（谈永康）

思考题

1. 诗中用________和________这两个数字，写出祖国山河的雄伟与壮丽。同样使用数字赞美祖国大好河山的古诗句还有很多，请你写一句：____。

2. 判断正误，正确的打“√”，错误的打“×”。

“遗民泪尽胡尘里”，对“遗民”之泪的理解有：

（1）王师久盼不至，这是失望之泪。（　　）

（2）受尽外敌折磨，这是痛苦之泪。（　　）

（3）看到祖国山河破碎，这是悲痛之泪。（　　）

闻【听说】官军【指唐朝军队】收河南河北

杜　甫

剑外【剑门关以南，这里指四川】忽传收蓟北【泛指唐代幽州、蓟州一带，今河北北部地区，是安史叛军的根据地】，初闻涕【眼泪】泪满衣裳。

却看【回头看】妻子愁何在，漫卷【胡乱地卷起】诗书喜欲狂【高兴得简直要发狂】。

白日放歌【放声高歌】须【应当】纵酒【开怀痛饮】，青春【指明丽的春天的景色】作伴好还乡。

即从巴峡穿巫峡，便【就】下襄阳向洛阳。

集评

1. 宋·范温：“古人律诗亦是一片文章，语或似无伦次，而意若贯珠……‘剑外忽传收蓟北，初闻涕泪满衣裳。’夫人感极则悲，悲定而后喜。忽闻大盗之平，喜唐室复见太平，顾视妻子，知免流离，故曰‘却看妻子愁何在’；其喜之至也，不知手之舞之，足之蹈之，故曰‘漫展（卷）诗书喜欲狂’；从此有乐生之心，故曰‘白日放歌须纵酒’；于是率中原流寓之人同归，以青春和暖之时即路，故曰‘青春作伴好还乡’。言其道涂则曰‘欲从巴峡穿巫峡’，言其所归则曰‘便下襄阳到（向）洛阳’。此盖曲尽一时之意，惬当众人之情，通畅而有条理，如辩士之语言也。”（《潜溪诗眼》）

2. 明·王嗣奭：“说喜者云喜跃，此诗无一字非喜，无一字不跃。其喜在‘还乡’，而最妙在束语直写还乡之路，他人决不敢道。”（《杜臆》）

3. 清·查慎行："由浅入深，句法相生，自首至尾，一气贯注，似此章法，香山以外罕有其匹。"(《初白庵诗评》)

4. 清·浦起龙："八句诗，其疾如飞。题事只一句，余俱写情。得力全在次句。于情理，妙在逼真，于文势，妙在反振。三、四，以转作承，第五，乃能缓受，第六，上下引脉，七、八，紧申'还乡'，生平第一首快诗也。"(《读杜心解》)

5. 清·施补华："'剑外忽传收蓟北'，今人动笔，便接'喜欲狂'矣。忽拗一笔云：'初闻涕泪满衣裳'，以曲取势。活动在'初闻'两字，从'初闻'转出'却看'，从'却看'转出'漫卷'，才到喜得'还乡'正面，又不遽接'还乡'，用'白首放歌'一句垫之，然后转到'还乡'。收笔'巴峡穿巫峡''襄阳下洛阳'，正说还乡矣，又恐通首太流利，作对句锁之。即走即守，再三读之，思之，可悟俯仰用笔之妙。"(《岘佣说诗》)

简析

此诗作于唐代宗广德元年（763 年）春。此年正月史朝义自缢，安史之乱结束。杜甫听到这消息，不禁惊喜欲狂，手舞足蹈，冲口唱出这"生平第一首快诗"。诗的前半部分写初闻喜讯的惊喜；后半部分写诗人手舞足蹈做返乡的准备，凸显了急于返回故乡的欢快之情。全诗情感奔放，处处渗透着"喜"字，痛快淋漓地抒发了作者无限喜悦兴奋的心情。仇兆鳌《杜诗详注》："于仓卒间，写出欲歌欲哭之状，使人千载如见。"除第一句叙事点题外，其余各句，都是抒发诗人忽闻胜利消息之后的惊喜之情。诗人的思想感情出自胸臆，奔涌直泻。后六句都是对偶，但却明白自然像说话一般，有水到渠成之妙。正如《唐宋诗醇》所说："惊喜溢于字句之外，故其为诗，一气呵成，法极无迹。"

（杨等华）

思考题

1. 浦起龙赞其为杜甫“生平第一首快诗也”(《读杜心解》),“快”字如何理解?

2. 明代胡应麟《诗薮》:老杜好句中迭用字,惟“落花游丝”妙极。此外,如……“便下襄阳向洛阳”之类,颇令人厌。你是怎么样认为这个迭用字的?

宿建德江

孟浩然

移舟泊【停船靠岸】烟渚【指江中雾气笼罩的小沙洲。渚（zhǔ），水中小块陆地。《尔雅·释水》：“水中可居者曰洲，小洲曰渚。”】，日暮客【指作者自己】愁【为思乡而忧思不堪】新。

野【原野】旷【空阔远大】天低树【天幕低垂，好像和树木相连】，江清月近人【倒映在水中的月亮好像来靠近人】。

集评

1. 宋·刘辰翁：“‘新’字妙。‘野旷’二语酷似老杜。”（《王孟诗评》）

2. 明·唐汝询：“客愁因景而生，故下联不复言情，而旅思自见。”（《唐诗解》）

3. 清·沈德潜：“本诗下半写景，而客愁自见。”（《唐诗别裁集》）

简析

这是一首抒写羁旅之思的诗，作者不以行人出发为背景，也不以船行途中为背景，而是以舟泊暮宿为背景，凸显了一个“愁”字，在选材上颇有特色。

首句点题，为下文写景抒情做准备，次句点出“客愁新”。魏耕原在《孟浩然诗的壮逸、女人、模式与用语创新》中说：“‘野’句全是静态的远近对比，却悄然散发出怀远思乡之情；‘低’字如画，‘近’则悠然渗入拟人的亲切意味，便使素朴的白描景观，分外逼真与亲切，淡淡地散发出一种‘新’的‘客愁’，最能体现孟诗的淡远与平和的风格。”（魏耕原《盛唐名家诗论》，中国社会科学出版社，2015：157.）

正如于非在《中国古代文学作品选》中说：此诗先写羁旅夜泊，再叙日暮添愁；然后写到宇宙广袤宁静，明月伴人更亲。一“隐”一“现”，虚实相间，两相映衬，互为补充，构成一个人宿建德江，心随明月去的特殊意境。诗人“宿”而“未宿”不正意味深长地表现出“日暮客愁新”吗？此诗正是在这种情景相生、思与境谐的“自然流出”之中，显示出一种淡中有味、含而不露的艺术美。（赵其钧《唐诗鉴赏辞典》，上海辞书出版社，1983：99.）

（王想龙）

思考题

1. 简要分析本诗作者抒发情感的妙处。
2. 赏析“野旷天低树，江清月近人”一句的艺术特色。

六月二十七日望湖楼醉书五绝（其一）

苏　轼

黑云翻墨【打翻的黑墨水，形容云层很黑】未遮山，
白雨【夏日阵雨雨点大而猛，白而透明】跳珠【跳动的珠子】乱入船。
卷地风来【狂风席地卷来】忽吹散，
望湖楼下水如天【湖面像天空一般开阔平静】。

集评

1. 清·赵翼："其尤不可及者，天生健笔一枝，爽如哀梨，快如并剪，有必达之隐，无难显之情，此所以继李、杜后为一大家也。而其不如李、杜处，亦在此。盖李诗如高云之游空，杜诗如乔岳之矗天，苏诗如流水之行地。读诗者于此处着眼，可得三家之真矣。"（《瓯北诗话》）

2. 清·赵翼："然坡诗实不以锻炼为工，其妙处在乎心地空明，自然流出，一似全不着力，而自然沁入心脾，此其独绝也。……乃是称心而出，不假雕饰，自然意味悠长，即使事处，亦随其意之所欲出，而无牵合之迹。此不可以声调格律求之也。"（《瓯北诗话》）

3. 清·金武祥："坡公诗：'黑云翻墨未遮山，白雨跳珠乱入船。卷地风来忽吹散，望湖楼下水如天。'写夏雨最妙。"（《粟香随笔》）

简析

这首诗巧妙捕捉了望湖楼的一场大雨。乌云骤聚，大雨突降，顷刻

间雨过天晴，水天一色。作者用“黑云翻墨”“白雨跳珠”形成强烈的色彩对比，“翻墨”写出了云的来势，“跳珠”描绘出雨点飞溅的情态，动词前移的句式使比喻灵活生动却不露痕迹。“卷地风来忽吹散，望湖楼下水如天”两句又把天气的变幻描绘得令人心清气爽，眼前陡然一亮，境界大开。正如刘逸生先生所言：“这二十八个字，好像是随笔挥洒，信手拈来，仔细寻味，便看出作者功力的深厚，只是在表面上不着痕迹罢了。”（《宋诗鉴赏辞典》，上海辞书出版社，1987：83-85.）

（朱洁文）

思考题

1. 朗读这首诗，选出下面节奏划分不正确的一项（　　）

A. 黑云 / 翻墨 / 未 / 遮山，

B. 白雨 / 跳珠 / 乱 / 入船。

C. 卷地风来 / 忽 / 吹散，

D. 望 / 湖楼下 / 水 / 如天。

2. 这首诗通过________，________，________，________等四个场景，写出这场大雨倏忽而来又倏忽而去的过程。

西江月 · 夜行黄沙道中

辛弃疾

明月别枝惊鹊，清风半夜鸣蝉。稻花香里说丰年，听取蛙声一片。

七八个星天外，两三点雨山前。旧时茅店社林边，路转溪桥忽见。

集评

1. 宋·刘克庄："公所作，大声镗鞳，小声铿鍧，横绝六合，扫空万古，自有苍生以来所无。其秾纤绵密者，亦不在小晏、秦郎之下。"(《辛稼轩集序》)

2. 清·陈廷焯："所闻所见，信手拈来，都成异采，总由笔力胜故也。"(《词则》)

3. 清·邹祗谟："稼轩雄深雅健，自是本色，俱从南华、冲虚得来。然作词之多，亦无如稼轩者。中调、短令亦间作妩媚语。观其得意处，真有压倒古人之意。"(《远志斋词衷》)

简析

辛弃疾为词中巨人。他可以沉雄刚毅，也可以妩媚秀丽；可以翻江倒海，也可以小桥流水；可以"醉里挑灯看剑"，也可以"溪头卧剥莲蓬"。大作家示人并非只有一副面孔，他可以像魔术师一样变化万千。曾经是"壮岁旌旗拥万夫"，到了中年，却"书咄咄，且休休"。空有一身本领，无处施展。当辛弃疾赋闲江西农村时，只能是"却将万字平戎策，换得东家种树书”。生命的消耗，让他感受到了人生的无奈。但是，大词人毕竟拥有大胸襟，江南农村的秀丽风光，荡涤了他的不平之气。换一种眼光，他看到了生活的另一种美。《西江月》这首词，最重要的不在乎记录田园风光。我们借助明月清风，看到的是一个澄明纯净的精神世界。词人暂时忘却家国忧患，完全进入一个宁静恬淡而又充满生命活力的天地中。词人笔下不过是一些看来极其平凡的景物，惊鹊、鸣蝉、稻花香、鸣蝉，还有疏星、细雨、茅店、溪桥，平常景物却组织成一幅鲜活的图画。让人惊叹的不纯是画面的美、田园的美，更重要的是词中跃动的活泼的生命精神。

（王志成　郝景鹏）

思考题

1. 分析词的上片所描写的多种声音的作用。

2. 从语言的角度赏析“七八个星天外，两三点雨山前”的表达效果。

浪淘沙

刘禹锡

九曲黄河万里沙，浪淘风簸【吹荡】自天涯。
如今直上银河去，同到牵牛织女家。

集评

1. 宋·严羽："大历后，刘梦得之绝句，我所深取耳。"(《沧浪诗话》)

2. 明·胡震亨："禹锡有诗豪之目。其诗气该今古，词总华实，运用似无甚过人，却都惬人意，语语可歌，真才情之最豪者。"(《唐音癸签》)

3. 明·许学夷："七言绝气格甚胜。"(《诗源辩体》)

简析

《浪淘沙》是唐代文学家刘禹锡的组诗作品。这组民歌体新乐府诗通俗优美，韵律婉转，或用画面创造意境，或用哲思发人深省。其一演绎神话传说，由万里黄河、浪涛滚滚写到寻访天上牛郎织女的家，充满想象，极富气势。刘禹锡写诗常借物抒情言志，牛郎和织女是天上的星宿名称，和高高在上、距己遥远的朝中之位相似。刘禹锡本在高处任职，由于谗言遭到贬谪下放的不公待遇，但诗人为苍生造福的社会理想永不改变。刘禹锡渴望回到能够发挥自己才能的职位，有一番作为，纵然是恶浪频袭也不改入世的初衷。由此可见，诗人百折不挠、积极进取的精神是多么让人赞赏！袁行霈主编《中国文学史（第二版）》(高等教育出版社，2013：271.）第二卷主编罗宗强评论说：“刘禹锡的诗，无论短章长篇，大都简洁明快，风情俊爽，有一种哲人的睿智和诗人的挚情渗透其中，极富艺术张力和雄直气势。这首诗用夸张等写作手法抒发了诗人的浪漫主义情怀，气势大起大落，给人一种磅礴壮阔的雄浑之美。”

余冠英在《中国古代山水诗鉴赏辞典》（江苏古籍出版社，1989.）中说道：“第一联由上而下，顺黄河奔流之势着墨；第二联以‘直上’为转折，把人们的视线从‘奔流到海不复回’的顺视中拉回，从地下引到天上，从现实世界进入神话世界——黄河连银汉，乘槎溯河源。全诗节奏有徐有疾，奔放而有宕逸之气。”

（许正芳）

思考题

1. 这首诗描绘了黄河景象的什么特点？
2. 诗歌的结尾为什么提到牛郎织女？

江南春

杜　牧

千里莺啼绿映红，水村山郭【外城，这里指城镇】酒旗【挂在门前作为酒店标记的小旗】风。

南朝【东晋灭亡之后、隋朝统一之前存在于中国南方，以建康（今南京）为都城的四个朝代（宋、齐、梁、陈）的总称】四百八十寺【南朝统治者好佛，曾在都城兴建了大量佛寺，这里的四百八十是虚数】，多少楼台烟雨【细雨蒙蒙，如烟如雾】中。

集评

1. 宋·张表臣："帝王所都，而四百八十寺，当时已为多，而诗人侈其楼阁台殿焉。近世二浙福建诸州，寺院至千区，福州千八百区。……有识之士，每叹息于此。"（《珊瑚钩诗话》）

2. 清·宋顾乐："二十八字中写出江南春景，真有吴道子于大同殿画嘉陵山水手段，更恐画不能到此耳。"（《唐人万首绝句选评》）

3. 清·何文焕："升庵谓：'千应作十。盖千里已听不着看不见矣，何所云"莺蹄绿映红"邪？'余谓即作十里，亦未必尽听得着，看得见。题云'江南春'，江南方广千里，千里之中，莺啼而绿映焉。水村山郭，无处无酒旗，四百八十寺，楼台多少烟雨中也。此诗之意既广，不得专指一处，故总而命曰'江南春'。诗家善立题者也。"（《历代诗话考索》）

简析

正如诗歌标题所提示的，这首《江南春》描绘了广阔、多姿、迷蒙的江南春景。“这寥寥二十八字，在我们面前展现了一幅江南春景的长卷，情调愉快，笔触生动，色彩鲜明，使我们如置身于无边春色之中。”（沈祖棻《唐人七绝诗浅释》，上海古籍出版社，1981：235.）。

耐人寻味的是作者寄寓在“多少楼台烟雨中”的情思。这些楼台是南朝历代君王兴建的，它们见证了南朝的繁华和衰亡。有人说这首诗含蓄表达了诗人对于唐朝统治者佞佛的批评，希望君王能够吸取前朝的历史教训。但邝龑子先生给出了他对诗歌主题的理解：“杜牧和大部分的传统儒士一样，并不狭隘封闭地排斥释氏的哲理……诗人游目于‘千里莺啼绿映红’的气氛，看到村临水，郭依山，酒旗迎风拂动，人民遵循自然生活的景象；而繁华事散的寺庙楼台和它们所包含的南朝历史，却慢慢模糊湮没，笼罩于一幕混沌迷茫的烟雨之中。……隐约表达对于今昔盛衰理不清、摸不透的寄寓，以及介乎出世与入世、自然与人道之间的感慨。”（邝龑子《“多少楼台烟雨中”——从杜牧诗看自然之道中的历史感》，载《南开学报（哲学社会科学版）》，2016 年第 5 期：31.）这一解读没有停留在是非对错的层面，而是从更为广远的历史维度去感受诗句中复杂而超然的兴叹。

所以，与其说这是一首对南朝统治者佞佛行为表达否定之意的咏史诗，不如说它是一首超越了特定时代、甚至超脱了具体现象的咏怀诗。

（沈文婕）

思考题

1. 本诗前两句和后两句的景物特点有何异同？

2. 作者为什么要强调如此众多的寺庙是南朝时所建？说说你的看法。

书湖阴先生壁

王安石

茅檐【茅屋檐下，这里指庭院】长【经常】扫净无苔【青苔】，花木成畦手自栽。

一水【指玄武湖】护田将绿绕，两山【指钟山、覆舟山】排闼【推开门。闼(tà)，小门】送青来。

集评

1. 宋·陈师道："鲁直谓荆公之诗，暮年方妙，然格高而体下。"(《后山诗话》)

2. 宋·严羽："公绝句最高，其得意处高出苏黄陈之上，而与唐人尚隔一关。"(《沧浪诗话》)

3. 高步瀛："《能改斋漫录》谓此盖本五代沈彬诗：'地隈一水巡城转，天约群山附郭来。'又本许浑诗：'山形朝阙去，河势抱关来。'案：此亦句法偶同耳，未必有意效之也。"(《唐宋诗举要》)

简析

这首诗是诗人题写在好友杨德逢家墙壁上的。前两句赞美湖阴先生庭院的洁净清幽，暗示湖阴先生情趣高雅。首句"无苔"二字意蕴丰富，江南初夏天气湿暖，喜阴的青苔极易生长，而在此僻静的山居之所居然连青苔也了无踪迹，足见主人之勤、庭院之净；"长扫"二字，又寓含无时不净的意味。次句"成畦"二字暗示花木品种多且分类种植，既显整齐又不单调；"手自"二字，再次强调庭院主人朴实勤快。后两句笔意一转，巧用拟人手法，写山水有情有意，喜爱此处庭院的清幽洁净，更钦慕湖阴先生的高雅情趣，主动登门拜访庭院主人，为庭院锦上添花，顿显妙趣横生。诗句中的“护田”“排闼”两词，把自然风景人格化，化静为动，立见勃勃生气，带有浓重的主观性。全诗语言清新明快，质朴婉约，既赞美了湖阴先生的朴实勤快、情趣高雅，又表达了诗人退休闲居的恬淡心境，以及从田园山水和与平民交往中领略到无穷的乐趣。

（余勇超）

思考题

1. 读读诗句“一水护田将绿绕，两山排闼送青来”，你想起了以前学过的古诗中哪些这样的诗句？

2. 下列对这首诗的理解正确的一项是（　　）

A.“无苔”二字表明湖阴先生的庭院无处不净、无时不净。

B.“成畦”二字交代了花圃的整齐，也暗示出花木虽整齐却显单调。

C. 本诗给山水赋予人的感情，化动为静，显得环境既生机勃勃又清静幽雅。

D. 全诗既赞美了主人朴实勤劳，又表现了诗人怀才不遇的凄凉心境。

寒　食

韩　翃

春城【暮春时的长安城】无处不飞花，寒食【通常在冬至后的第105天，不能生火做饭，只吃冷食，所以称寒食】东风御柳【御苑之柳，皇城中的柳树】斜。

日暮汉宫【这里借指唐朝皇宫】传蜡烛【指宫中传赐新火】，轻烟散入五侯【有多种说法。这里泛指权贵豪门】家。

集评

1. 清·贺裳：“君平以《寒食》诗得名。宋亡而天下不复禁烟，今人不知钻燧，又不深习唐事，因不解此诗立言之妙。如‘春城无处不飞花，寒食东风御柳斜’二语，犹只淡写。至‘日暮汉宫传蜡烛，轻烟散入五侯家’，上句言新火，下句言赐火也。此诗作于天宝中，其时杨氏擅宠，国忠、铦与秦、虢、韩三姨号为五家，豪贵荣盛，莫之能比，故借汉王氏五侯喻之。即赐火一事，而恩泽先沾于戚畹，非他人可望，其余赐予之滥，又不待言矣。寓意远，托兴微，真得风人之遗。”(《载酒园诗话》)

2. 清·徐增：“‘不飞花’，‘飞’字窥作者之意。初欲用‘开’字，‘开’字不妙，故用‘飞’字。‘开’字呆，‘飞’字灵，与下句‘风’字有情。‘东’字与‘春’字有情，‘柳’字与‘花’字有情，‘御’字与‘宫’字有情，‘斜’字与‘飞’字有情，‘蜡烛’字与‘日暮’字有情，‘烟’字与‘风’字有情，‘青’(轻)字与‘柳’字有情，‘五侯’字与‘汉宫’字有情，‘散’字与‘传’字有情，‘寒食’二字又装叠得妙。其

用心细密，如一匹蜀锦，无一丝跳梭，真正能手。”（《而庵说唐诗》）

3. 清·管世铭：“韩君平‘春城无处不飞花’，只说侯家富贵，而对面之寥落可知。与王少伯‘昨夜风开露井桃’一例，所谓‘怨而不怒’也。”（《读雪山房唐诗序例》）

简析

寒食是唐宋时一个重要的节日。按风俗当禁火，寒食结束后，方能钻燧新火。然而皇家可许燃蜡，皇恩所及，亲贵近臣皆可得赐。韩翃此诗即由此而发。此诗第一二句描写了寒食时节飞花斜柳，一片春意盎然的景象。其中一个“御”字暗点了此城为皇城。第三句明写汉宫，实写本朝事。“五侯”有两说，一说为东汉外戚梁冀一族的五侯；另一说为东汉桓帝时宦官单超等同日封侯的五人。无论哪种说法的五人，都造成了国家命运的动荡。而韩翃亦经历了唐由盛而衰的安史之乱，对于皇恩宠幸外戚宦官造成的祸害有着清晰的记忆。韩翃将国家的惨痛记忆用异常轻盈的方式表达来，造成了现实与历史的鲜明对比，带给读诗人以丰富的联想和深刻的思考。周啸天说此诗“比许多刻意讽刺之作更高一筹”，此言得之。

（彭　音）

思考题

1. 第一句的“飞花”改成“开花”好不好？说说你的理由。

2.“寒食节”是中国古代一个非常重要的节日，查查它的起源与风俗，给同学们做一个解说吧。

迢迢牵牛星

《古诗十九首》

迢迢【遥远的样子】牵牛星，皎皎【明亮的样子】河汉女【指织女星】。

纤纤擢【伸出】素手，札札【象声词，机织声】弄机杼【织布机上的梭子】。

终日不成章【指布帛上的经纬纹理，这里指整幅的布帛。此句是用《诗经·小雅·大东》语意，说织女终日也织不成布】，泣涕零如雨。

河汉【即银河】清且浅，相去复几许！

盈盈【水清澈、晶莹的样子】一水间，脉脉不得语。

集评

1. 清·姚鼐："此近臣不得君之作。"

2. 清·方廷珪："篇中以牵牛喻君，以织女喻臣。臣近君而不见亲于君，由无人为之左右，故托为女望牛之情。"(《文选集成》)

3. 马茂元："这首诗是秋夜即景之作。借天上的牛女双星，写人间的别离之感。因为是思妇词，所以从女方的哀怨着笔。"(《古诗十九首初探》)

简析

古人有观点认为此诗有政治寄托，而针对学生而言，我倾向于这首诗是借神话传说中牛郎、织女被银河相隔而不得相见的故事，抒发了因爱情遭受挫折而痛苦忧伤的心情。

开头两句分别从两处落笔，言牵牛曰“迢迢”，状织女曰“皎皎”。迢迢、皎皎互文见义，不可执着。牵牛也皎皎，织女也迢迢。他们都是那样的遥远，又是那样的明亮。总之，“迢迢牵牛星，皎皎河汉女”这十个字的安排，可以说是最巧妙的安排而又具有最浑成的效果。

以下四句专就织女这一方面来写，说她虽然整天在织，却织不成匹，因为她心里悲伤不已。诗人在这里用了一个“弄”字。《诗经·小雅·斯干》：“乃生女子，载弄之瓦。”这弄字是玩、戏的意思。织女虽然伸出素手，但无心于机织，只是抚弄着机杼，泣涕如雨水一样滴下来。“终日不成章”化用《诗经·大东》语意：“彼织女，终日七襄。虽则七襄，不成报章。”

“河汉清且浅，相去复几许？盈盈一水间，脉脉不得语。”是诗人的感慨。那阻隔了牵牛和织女的银河既清且浅，牵牛与织女相去也并不远，虽只一水之隔却相视而不得语也。

（王　凯）

思考题

1.“盈盈一水间”，“相去复几许”。古诗开头为什么又有“迢迢”？说说你的理解。

2. 诗中的抒情主人公是谁？抒发了什么感情？反映了怎样的社会现实？

十五夜望月寄杜郎中

王　建

中庭【即庭中，庭院中】地白【指月光照在庭院的样子】树栖鸦，冷露【秋天的露水】无声湿桂花。

今夜月明人尽【都】望，不知秋思【秋天的情思，这里指怀人的思绪】在谁家？

集评

1. 清·沈德潜："不说明己之感秋，故妙。"（《唐诗别裁集》）

2. 俞陛云："自来对月咏怀者，不知凡几，佳句亦多。作者知之，故着想高踞题颠，言今夜清光，千门共见。《月子歌》所谓'月子弯弯照九州，几家欢乐几家愁'。秋思之多，究在谁家庭院？诗意涵盖一切，且以'不知'二字作问语，笔致尤见空灵。前二句不言月，而地白疑霜，桂枝湿露，宛然月夜之景，亦经意之笔。"（《诗境浅说》）

3. 刘永济："三四见同一中秋月夜，人之苦乐各别。末句以唱叹口气出之，感慨无限。"（《唐人绝句精华》）

简析

此诗含意婉曲，抒写了对友人的怀念之情。前两句用月光皎洁、栖鸦不惊、露湿桂花三个特征，写出中秋独特的夜景，幽美而传神。后两句不从正面抒情，而是用委婉的疑问语气，从而把自己对月怀远的感情表达得更加深沉蕴藉，含蓄有味。（管士光选注《唐史选注》，大象出版社，2012：183-184.）

这首诗意境很美，诗人运用形象的语言，丰富的想象，渲染了中秋望月的特定环境气氛，把读者带进一个月明人远、思深情长的意境，加上一个唱叹有神、悠然不尽的结尾，将别离思聚的情感，表现得非常委婉动人。（徐竹心《唐诗鉴赏辞典》，上海辞书出版社，2013：843-845.）

（金　瑜）

思考题

1. 品味此诗首句诗歌“树栖鸦”这三个字。

2.《唐诗别裁》中评价此诗：“不说明己之感秋，故妙。”请结合具体诗句分析妙在何处。

马 诗

李 贺

大漠【无边无垠的沙漠】沙如雪，燕山【指燕然山，今蒙古国境内杭爱山】月似钩【古代的一种兵器，形似月牙】。

何当【何时将要】金络脑【即金络头，用黄金装饰的马笼头】，快走【跑】踏【这里有“奔驰”的意思】清秋【清朗的秋天】。

集评

1. 清·姚文燮：“边氛未靖，奇才未伸。壮士于此，不禁雄心跃跃。”(《昌谷集注》)

2. 清·方扶南：“大漠沙如雪，此言苟能世用，致远不难。”(《李长吉诗集批注》)

3. 清·王琦：“《马诗》二十三首，俱是借题抒意，或美或讥、或悲或惜，大抵于所闻见之中各有所比，言马也而意初不在马矣。又每首之中皆有不经人道语。人皆以贺诗为怪，独朱子以贺诗为巧。读此数章，知朱子论诗真有卓见。”(《李长吉歌诗汇解》)

简析

这是一首咏物诗，是李贺《马诗二十三首》的第五首。组诗《马诗二十三首》名为咏马，实际上是借物抒怀，抒发诗人建功立业的抱负和怀才不遇的慨叹。本诗的前两句描写边疆战场的独特景观：广阔无垠的大漠，在月光下像是铺上了一层霜雪；雄伟的燕山上，一钩弯月高悬。一、二句调换了景物顺序，既合乎了诗歌韵律，又在起笔显突兀苍凉之感，引发人们无尽的遐想。“钩”是古代的一种兵器，从白亮亮的月牙联想到兵器的形象，也就寓含着渴望杀敌建功的深意。后两句诗人借马发出感慨：什么时候才能套上镶金的笼头，飞驰在深秋的战场上冲锋陷阵呢？“金络脑”是贵重鞍具，象征马待遇优厚、受到重用。这一声冲天之问，酣畅淋漓，撼人心魄，既含为国建功的渴盼，又寓壮志未酬的愤懑。诗人曾在他的另一首诗中写道：“男儿何不带吴钩，收取关山五十州”（《南园》其五），直抒胸臆，表达建功立业的抱负和渴望，以及不被赏识的感叹和愤慨。本诗则托物言志，显得委婉含蓄、寓意精警、构思奇巧，情感慷慨悲凉，文学感染力强，引发无数相同命运者的思想共鸣。

（余勇超）

思考题

1. 诗中含蓄表达诗人渴望奔赴疆场、杀敌建功的诗句是：“____________，____________”。

2. 下列对这首诗的理解正确的一项是（　　）

A. 诗歌前两句写雪原无边无际，燕山上弯月高悬。

B.“何当”二字既含为国建功的渴盼，又寓壮志未酬的愤懑。

C.“清秋”既点明了时令，又表明此时草黄马瘦，正好驰驱。

D. 本诗直抒胸臆，表现诗人渴望投笔从戎的热烈情怀。

石灰吟【吟颂，古代诗歌的一种形式】

于　谦

千锤万凿出深山，烈火焚烧若【好像、好似】等闲【平常，轻松】。

粉骨碎身浑不怕，要留清白【指石灰洁白的本色，又比喻高尚的节操】在人间。

简析

这是我国明朝时期著名的民族英雄、政治家于谦的一首托物言志诗，该作品因反映了诗人廉洁正直的高尚情操而闻名遐迩，脍炙人口。

诗歌起句写石灰石历经千锤万凿，才得以问世，比喻自己的文才武功是长期修养而成的。次句借石灰石在烈火中经受冶炼的情景和“若等闲”的从容不迫，暗喻面对险恶的宦海仕途，能镇定沉着经受考验，坚持高洁的品行。第三句“粉骨碎身浑不怕”，极其形象地写出了石灰石不惧烈火，烧制成石灰粉的情景，用石灰在使用过程中的必然结局和无私奉献精神，来抒发自己以身报国、不谋私利的情怀。最后一句以“要留清白在人间”作结，表明自己为国为民建功立业，要坚守洁白无瑕人格的志向。

诗人借对石灰的赞美，表达自己的心声。诗虽然质朴如白话，但又十分形象传神，每一句都有深刻寓意，都是诗人追慕神往的境界。同时在传达一个震撼人心的心声：无论经历多少苦难，只要能够像石灰一样有益人间又洁白无污、品质高尚，纵然经受多少磨炼，以致粉身碎骨，也无所畏惧。（杨敬敬编著《最美古诗词全鉴》，中国纺织出版社，2017：294.）

（顾光宇）

思考题

1. 请结合诗歌内容，谈谈意象“石灰”的特点。
2. 这首诗主要用什么手法表达了作者怎样的志向？

竹　石

郑　燮

咬定青山不放松，
立根原在破岩中。
千磨万击还坚劲，
任尔东西南北风。

集评

1. 清·允禧：“高人妙义不求解，充肠朽腐同鱼蟹。此情今古谁复知，疏凿混沌惊真宰。振枯伐萌陈厥祖，浸淫渔畋无不无。按拍遥传月殿曲，走盘乱泻鲛宫珠。十载相知皆道路，夜深把卷吟秋屋。明眸不识乌雌雄，罔与盲人辨乌鹄。”(《题板桥诗后》)

2. 清·张维屏：“板桥大令有三绝：曰画、曰诗、曰书。三绝之中有三真：曰真气、曰真意、曰真趣。”(《松轩随笔》)

简析

题画诗是中国文人画独有的风景。画为写意，诗为言志，意抒志达，在画纸上相顾成趣，相映成辉。郑板桥是深于此道者，他的题画作品被誉为“诗书画三绝”。《竹石》此诗题写于竹石画侧。生存的艰难环境中，“咬定”与“不放松”呈现出瘦竹的坚韧生命力，这是呼应着纸上墨色竹石的内容。而三、四句则由纸上竹石到了作者心眼中的竹石，无论遇到怎样的磨砺、打击，怎样的狂风四起，我自是我，立根坚定，绝不改变。台湾研究者衣若芬说：“这两首诗看似写竹，其实是借竹喻己，板桥在山东做官其间，阅历了官场的黑暗，他以竹的劲节自我期勉，希望自己能立定脚跟，‘富贵不能淫，贫贱不能移，威武不能屈’，像竹不能被强风吹倒，不以虚浮的华丽外表与人争胜。”这幅竹石和这首题画诗正是作为扬州八怪之一的郑板桥孤傲、张扬的个性的写照。

（彭　音）

思考题

1. 品读本诗，说说竹子在这首诗里有什么样的特征。

2.“梅兰竹菊”被誉为“花中四君子”，摘抄一点相关的古诗文，做积累。

采薇（节选）

《诗经·小雅》

昔我往矣，杨柳依依。
今我来思【语助词】，雨【yù，落】雪霏霏【雪下得很大的样子】。
行道迟迟【缓慢】，载渴载饥。
我心伤悲，莫知我哀！

集评

1. 清·方玉润：“此诗之佳，全在末章，真情实景，感时伤事，别有深意，非可言喻，故曰‘莫知我哀’。不然，凯旋生还，乐矣，何哀之有耶？”（《诗经原始》）

2. 清·王夫之：“‘昔我往矣，杨柳依依。今我来思，雨雪霏霏。’以乐景写哀，以哀景写乐，一倍增其哀乐。”（《薑斋诗话》）

简析

《采薇》所描写的是一场反侵略的战争。全诗共六章，可分三部分。前三章为第一部分。以“采薇”起兴，薇草由“柔”而“刚”的变化，表现了时光的流转，亦暗示了戍役生活的漫长艰辛。第二部分由棠棣之花起兴，接着描写了战车高大坚固，战马雄健威武，将领服色鲜明，显示了战士在艰难的战争中保家卫国的豪情。节选部分是最为称道的第三部分。离家时的依依杨柳与归家时的霏霏雨雪交错成战士归途中内心难以言表的百般滋味，虚实相生，充满着震撼人心的力量。无论怎样的战争，都会给人带来巨大的精神创伤，这才是最真实的人性，才是最值得后世反思的战争之殇。

（彭　音）

思考题

1.《诗经》“六义”是指________、________、________、________、________、________。

2.“昔我往矣，杨柳依依，今我来思，雨雪霏霏”乃千古名句，为历代诗评家称道。请结合全诗具体赏析。

送元二使安西

王　维

渭城朝雨浥【润湿】轻尘，客舍【旅馆】青青柳色新。

劝君更尽一杯酒，西出阳关【在今甘肃敦煌西南，为古代通西域的要道】无故人。

集评

1. 明·胡应麟：“自是口语，而千载如新。”“盛唐绝，‘渭城朝雨’为冠。”(《诗薮》)

2. 清·黄生：“先点别景，次写别情，唐人绝句多如此，毕竟以此首为第一，惟其气度从容，风味隽永，诸作无出其右故也。失粘，须将一二倒过，然毕竟移动不得，由作者一时天机凑泊，宁可失粘，而语势不可倒转。此古人神境，未易到也。”(《增订唐诗摘抄》)

3. 清·沈德潜：“阳关在中国外，安西更在阳关外。言阳关已无故人矣，况安西乎？此意须微参。”(《唐诗别裁集》)

4. 清·徐增：“人皆知此诗后二句妙，而不知亏煞前二句提顿得好……此诗之妙只是一个真，真则能动人。”(《而庵说唐诗》)

5. 清·张谦宜：“(‘劝君’二句) 凡真情以不说破为佳。”(《絸斋诗谈》)

6. 清·刘宏煦：“只体贴友心，而伤别之情不言自喻。用笔曲折。”(《唐诗真趣编》)

简析

从标题看，王维的朋友元二奉命出使安西，王维为他送别，于是写了这首七言绝句。跟一般的送别诗一样，诗人起笔交代了送别的地点（渭城的客舍）、时间（早晨）、环境（小雨之后）与氛围（清新明丽）。早晨的小雨下得恰到好处，只是略微湿润了路上的灰尘，客舍的砖瓦和柳叶在小雨之后也显得格外清新洁净，景色之中似乎包含了作者对元二出使之路平安顺利的祝福。环境、氛围的描写既是写实，更是暗合了送别主题。古人在离别时有折柳相赠以表达不舍之意的习惯。作者借环境中的柳色，巧妙地勾连主题，不露痕迹。

后两句点明主题。想到老朋友即将前往遥远的安西，作者“不禁悲从中来，转入伤别。却又不着伤字，只用举杯劝酒来表达内心最强烈最深沉的惜别之情。结二句看似寻常，其实是用高度浓缩的语言，表达了千古离人心中所共有而谁都不曾说出的感情，因而广为诗人所称道”（邓安生《王维诗选译》，凤凰出版社，2011：251-252.）。《唐诗精华注译评》（张国举主编，长春出版社，2010：124.）中还进一步指出：“用一‘更’字，把这以前的殷勤劝酒、此刻的依依不舍、以后的怀念，都表现了出来。诗人想象元二‘西出阳关’后，经过茫茫戈壁，奔赴安西，前路再没有故旧知交了，所以‘劝君更尽一杯酒’，不忍离别之情见于言外。”可谓情真意切，打动了世世代代的读者。

（韩立春）

思考题

1. 诗中写了哪些景色？对于表达情感有什么作用？
2. 说一说“劝君更尽一杯酒”表达了作者对友人的哪些情感。

春夜喜雨

杜　甫

好雨知时节，当春乃发生【使植物萌发生长】。

随风潜【暗暗地，悄悄地】入夜，润物【使植物受到雨水的滋养】细无声。

野径【田野间的小路】云俱黑，江船火独明。

晓看红湿处【雨水湿润的花丛】，花重【花重（zhòng），花因为饱含雨水而显得沉重】锦官城【成都的别称。三国蜀汉时管理织锦之官驻此，故名】。

集评

1. 清·黄叔灿："好雨逢春发生，润物日夜不止，云俱黑，火独明，又于夜雨中点景，正以结出晓看花重句也。味之，'喜'字可想。"（《唐诗笺注》）

2. 清·仇兆鳌："雨骤风狂，亦足损物。曰'潜'曰'细'，写得脉脉绵绵，于造化发生之机，最为密切，三四属闻，五六属见。"（《杜诗详注》）

3. 清·纪昀："此是名篇，通体精妙，后半尤有神。"（《瀛奎律髓刊误》）

4. 清·浦起龙："起有悟境，于'发生'悟出'知时'也。五六拓开，自是定法。结语亦从悟得，乃是意其然也。通首下字，从咀含而出。'喜'意都从罅缝里迸透。"（《读杜心解》）

简析

全诗不露“喜”字，但却充满喜意。春天正需要雨，而雨上就来了，岂不是“好雨”？岂不是“知时节”？岂不可喜？看无情作有情，看无知作有知，诗人往往如此。二句流水对。实写“好雨”。好雨也就是细雨，因而细而不骤，才能润物。细雨之来，不为人所觉察，故曰潜入夜。“润物细无声”，写出好雨的灵魂。第二联诗人倾耳细听，听出那雨在春夜里绵绵密密地下，只为“润物”，不求人知，自然“喜”得睡不着觉。由于那雨“润物细无声”，听不真切，生怕它停止了，所以出门去看。第三联写其所见雨意正浓，就情不自禁地想象天明以后春色满城的美景。这首诗作于唐肃宗上元二年（761年）春。诗人经过流离转徙的“岁四行役”，终于在成都草堂找到了一个暂可安身的场所，这对于诗人来说确是极大的安慰，本诗即是当时生活的反映。有灵性之雨可谓好雨，春天正当需要雨的时候，雨便应时而降。作者运用了拟人化手法，突出雨之灵性，并在对好雨的赞叹中，透出喜悦之情。

（秦　岭）

思考题

1. 请结合诗歌内容和创作背景，谈谈作者杜甫为何把这场春雨称为“好雨”？

2. 这首作品运用了拟人化的手法，表现出作者怎样的情感？我们是否还可以再举出运用拟人化手法描写景物的佳作呢？

早春呈水部张十八员外【即张籍】

韩　愈

天街小雨润如酥【酥油，这里形容春雨的细腻】，草色遥看近却无。

最是【正是】一年春好处【时】，绝胜【远远胜过】烟柳满皇都。

集评

1. 宋·胡仔：“诗之美者，莫如韩退之；然诗格之变，自退之始。”(《苕溪渔隐丛话》)

2. 清·黄叔灿：“‘草色遥看近却无’，写照甚工。正如画家设色，在有意无意之间。”(《唐诗笺注》)

3. 清·朱彝尊：“景绝妙，写得亦绝妙。”(《批韩诗》)

4. 菊池三溪：“草色七字，春草传神。”(《增评韩苏诗钞》)

简析

诗人可谓观察入微，将初春描写得“清新自然而富有生机”(汪涌豪，骆玉明《中国诗学》第二卷，东方出版中心，1999：133.)。

其“清新自然而富有生机”一方面体现在对初春小雨的描绘上，诗人仅以“润如酥”这一生动的比喻，就将初春小雨细腻柔和以及长安街被雨丝淋湿后变得光洁、滑润的特点，准确生动地表现出来，给人以舒适、清新的美感。另一方面体现在对刚探出头的小草的描绘：远远望去，朦朦胧胧，一层淡淡的青色，当诗人带着欣喜走近一看，那层青色却消失了，但见湿润的泥土里冒出些许稀疏的纤细的嫩芽，生意盎然。

此景如一副淡雅的水墨画，被誉为描写早春之绝佳，正如孙昌武先生所言："兼摄远近，空处传神"(《韩愈诗文选评》，上海古籍出版社，2003：189-190.)。

整首诗构思新颖，语言清新自然，细腻传神，恰如赵乃增所言"堪称摄取了画笔难描的早春神韵，给予读者以无限的美感体验"(《唐诗名篇赏析》，吉林文史出版社，2011：150.)。如此美景，想必张籍会忍不住与韩愈携手出门游览一番吧！

（倪俊娟）

思考题

1.“草色遥看近却无”一句被认为是此诗中的极佳妙句，请用自己的语言将此景描绘出来。

2. 根据后两句诗，作者认为早春的小雨和草色才是一年春光中最美的，远胜烟柳满城的晚春景色，你赞同么？

江上渔者

范仲淹

江上往来人，但【只】爱鲈鱼美。

君看一叶舟，出没【指船在水中上下颠簸】风波【波涛】里。

集评

1. 宋·江少虞："范希文为诗，不徒然而作也。有《赠钓者》诗云……率以教化为主，非独风骚之将，抑又文之豪杰欤?"（《宋朝事实类苑》）

2. 宋·苏轼："其于仁义礼乐忠信孝悌，盖如饥渴之于饮食，欲须臾忘而不可得；如火之热，如水之湿，盖其天性有不得不然者。虽弄翰戏语，率然而作，必归于此。"（《〈范文正公文集〉叙》）

3. 明·周孔教："发为诗词，温润和雅，蔼然仁者之言，粹然治世之音，即公不自知，而当时作者已信公为一代斯文之主盟矣。"（《万历本范文正公集序》）

简析

范仲淹的这首五言绝句"全诗仅二十个字，但言近而旨远，词浅而意深，可以引发丰富的联想"（《宋诗鉴赏辞典》，上海辞书出版社，2015：66.）。

作者在诗中描绘了两幅场景：江上行人来来往往，只为共享鲈鱼的鲜美可口；险恶风浪中，一叶扁舟若隐若现，上下颠簸。作者通过"江上"和"风波"两种环境，"往来"和"出没"两种动态，"往来人"和

“一叶舟”两种境遇的强烈对比，凸显出诗歌的主旨，寄寓了对百姓疾苦的深切关怀。“只知鲈鱼味美而贪爱品尝，却不知渔者多么辛苦，这是有普遍意义的社会现象。后两句只展示捕鱼的惊险场景让人‘看’而不作解释，含义深广，极耐寻绎。”（霍松林《宋诗举要》，安徽师范大学出版社，2015：24.）读此诗，“亦可帮助读者从一个具体的角度，体会诗人‘先天下之忧而忧，后天下之乐而乐’的宽广胸怀”（赵山林《桃李春风一杯酒——宋诗经典解读》，百家出版社，2009：20.）。

全诗语言质朴自然，不事雕琢。在从容不迫的叙述中，引人深思，典型地表现出范仲淹诗歌“温润和雅”的创作特色。

（竺海燕）

思考题

1. 本诗是怎样运用对比来抒发思想情感的？

2. 本诗作者是一位关心百姓疾苦的政治家，从这首诗中是否可以得到印证？

泊船瓜洲

王安石

京口【地名，今江苏镇江，位于长江南岸】瓜洲【镇名，位于长江北岸】一水间【隔着一道江水】，钟山【即紫金山】只隔数重山。

春风又绿【吹绿】江南岸，明月何时照我还【回】？

集评

1. 宋·洪迈：“吴中士人家藏其草，初云‘又到江南岸’，圈去‘到’字，注曰‘不好’。改为‘过’，复圈去，而改为‘入’，旋改为‘满’。凡如是十许字，始定为‘绿’。”(《容斋随笔》)

2. 宋·许顗：“东坡海南诗，荆公钟山诗，超然迈伦，能追逐李杜陶谢。”(《彦周诗话》)

3. 宋·严羽：“荆公绝句最高，其得意处，高出苏、黄、陈之上。”(《沧浪诗话》)

4. 宋·叶梦得：“王荆公晚年诗律尤精严，选语用字，间不容发。”(《石林诗话》)

简析

这首七绝千百年来脍炙人口。全诗寓情于景，着眼于春天景色的描绘，写出了王安石对家乡的思念和近家而不能回的无奈之情，也写出对前途命运的担忧之情。

诗人青年时期曾随父亲在江宁（今南京）读书，并在江宁取得功名，因此，把江宁视为第二故乡。创作此诗时，他第二次拜相，途经江宁，心生惆怅。“前二句写泊船瓜洲，去家未远。所谓‘一水’，所谓‘数山’，皆回望所见。因此，这两句表面写景，内里言情，留恋故园之情也。后二句先写江南春色，重在一个‘绿’字——这正是诗人所爱之一‘色’；再说还乡之愿。刚刚离乡，即打算还乡，看似矛盾，实则真诚。”（王兆鹏《王安石集》，凤凰出版社，2014：72.）

这首诗清新工丽，用力甚多而不见锤炼斧凿之痕，是宋诗炼字锻句的最佳典范。尤其是“春风又绿江南岸，明月何时照我还”。“这句也是王安石讲究修辞的有名例子。”（钱锺书《宋诗选注》，生活·读书·新知三联书店，2002：77.）一个“绿”字将无形的春风化为鲜明的形象，极为传神。王安石把“绿”字用作动词，无形的春风转换成了鲜明的视觉形象，产生了动态效果。令人眼前仿佛看到了春风吹拂，两岸瞬间变绿的画面，感受到了蓬勃的生命力。此景与诗人当时奉诏回京，希望再次开创变法新局面的心情契合。“绿”字微妙、含蓄地表达出了王安石的心意。同时，“绿”字也把草绿与思归联系起来，流露出诗人在遭受变法阻力后，被山林生活所吸引。据《容斋续笔》记载，王安石改诗时，反复推敲，经十余次修改，才最终决定使用“绿”字，成就了这首佳诗绝句。

吴汝煜评：“本诗曾获得‘超然迈伦，能追逐李杜陶谢’的赞誉。这正是‘频改’所致。但这首诗的佳处，并不限于一字之工，当玩赏其全篇的精神所在，方能得其体要。”（《王安石诗文鉴赏辞典》，上海辞书出版社，2014：38.）

（平丽娜）

思考题

1. 诗歌中诗人借助山、水、________抒发了___________的感情。

2. 请赏析“春风又绿江南岸”一句中“绿”字的妙处。

游园不值

叶绍翁

应怜屐齿印苍苔，小扣柴扉久不开。
春色满园关不住，一枝红杏出墙来。

集评

明·瞿佑：“陈简斋诗云：‘客子光阴诗卷里，杏花消息雨声中。’陆放翁诗云：‘小楼一夜听春雨，深巷明朝卖杏花。’皆佳句也。惜全篇不称。叶靖逸诗：‘春色满园关不住，一枝红杏出墙来。’戴石屏：‘一冬天气如春暖，昨日街头卖杏花。’句意亦佳，可以追及之。”（《归田诗话》）

简析

这首七言绝句以“游园不值”为题，本是说自己游园的目的没有达到。可是诗人却由此生发感想。他想，这可能是因为主人怕踩坏园中的青苔，怕破坏了园中的美景，因此才不让自己进来的缘故吧。短短两句，写出了诗人的善解人意，也写出了他那一片怜春惜春的情怀！但这首诗更为脍炙人口的还是后两句。（霍松林《宋诗鉴赏辞典》，上海辞书出版社，1987：1482）柴门虽然不开，满园春色却难以关住，你看一枝红杏探出墙头，不正在向人们炫耀着春天的美丽吗？“关不住”“出墙来”，简单的几个字，写出的并不仅仅是园中美丽的春色，也写出了春天的勃勃生机，还写出了田园风光的幽静安逸、舒适惬意。这首诗还告诉我们一个道理：一切美好、充满生命的新鲜事物，必须按照客观规律发展，任何外力都无法阻挡。吴熊和评论：“叶绍翁写园的一角，比陆游取景小而含意深。……‘一枝红杏’与‘满园春色’相对，又显出春光的洋溢，两句中含义有几层，诗意蕴藉。后来就产生了‘关不住的春光’的说法，这两句诗也常用来形容生活中的这类境况了。”（吴熊和等《唐宋诗词探胜》，浙江文艺出版社，1983：377.）

（缪黎明）

思考题

1. 诗句“小扣柴扉久不开”景中有情，诗中有人，试作分析。

2.“春色满园关不住，一枝红杏出墙来。”“关不住”和“出墙来”是如何互为因果的？

卜算子·送鲍浩然之浙东

王　观

水是眼波横【美人流转的眼波】，山是眉峰聚【美人蹙起的眉头】。欲问行人【指词人的朋友鲍浩然】去那边？眉眼盈盈处【这里指山水秀丽的地方。盈盈，美好的样子】。

才始送春归，又送君归去。若到江南赶上春，千万和春住。

集评

1. 宋·吴曾："王逐客送鲍浩然游浙东，作长短句云：'水是眼波横'云云。韩子苍在海陵送葛亚卿诗云：'今日一杯愁送君，明日一杯愁送君。君应万里随春去，若到桃源问归路。'诗、词意同。"（《能改斋漫录》）

2. 宋·王灼："王逐客才豪，其新丽处与轻狂处，皆足惊人。"（《碧鸡漫志》）

3. 宋·胡仔："《复斋漫录》云：'王逐客送鲍浩然之浙东长短句："水是眼波横，山是眉峰聚，欲问行人去那边，眉眼盈盈处。才始送春归，又送君归去，若到江南赶上春，千万和春住。"韩子苍在海陵送葛亚卿，用其意以为诗，断章云："明日一杯愁送春，后日一杯愁送君，君应万里随春去，若到桃源记归路。"'苕溪渔隐曰：'山谷词云："春归何处，寂寞无行路。若有人知春去处，唤取归来同住。"王逐客云："若到江南赶上春，千万和春住。"体山谷语也。'"（《苕溪渔隐丛话》）

4. 明·俞弁："王逐客送鲍浩然游浙东，作长短句云：'水是眼横波，山是眉峰聚。欲问行人去那边？眉眼盈盈处。才始送春归，又送君

归去。若到江东赶上春，千万和春住。’有余不尽之意，蔼然于言外。”(《逸老堂诗话》)

简析

这是一首送别词。在浩如烟海的送别题材作品中，王观的这首词显得非常特别，它格外渲染了春日的美好景象。首先，作者巧用比喻来描摹山水春光的迷人之处。“一般都用水比喻美人的眼睛，用山比喻美人的眉毛。此词反过来，用美人的眼波比喻浙东的水，用美人的眉峰比喻浙东的山，用美人眉眼盈盈处比喻浙东的山水之美，使人感到生动而新颖。”(徐有富《诗歌十二讲》，岳麓书社，2012：103-104.）作者笔下的春景好像脉脉含情，诗人在这样的氛围中送别友人，又平添了一份留恋和不舍。

接下来，这份由美好春景所烘托的别情在词的下阕得到了进一步深化。友人要去的江南，是一个春光常驻的所在。而对词人来讲，春景和友人都在与他挥别。于是，这份离愁别绪在词人这里是加倍的。千言万语只能化作“千万和春住”的叮咛。

“诗贵缘情。这首小词正是用它所表现的真挚感情打动读者的心弦的。且不必问题目云云，它那从民间营养吸取来的健康情调、鲜明语言、民歌的艺术技巧引起读者的美感和共鸣，使它臻于词的上乘。”(《唐宋词鉴赏集》，人民文学出版社，1983：170.）这首词的妙处正是在于作者流淌在字里行间的隽永深情。

（沈文婕）

思考题

1. 上阕开头两句中运用什么手法？“眉眼盈盈处”表现了什么？

2.“才始送春归，又送君归去”一句中“才”和“又”抒写了词人怎样的情感？

浣溪沙

苏　轼

游蕲水清泉寺【蕲（qí）水，今湖北浠水县。清泉寺，寺名，在蕲水县城外】，寺临兰溪，溪水西流。

山下兰芽短浸溪，松间沙路净无泥，萧萧暮雨子规啼。

谁道人生无再少？门前流水尚能西！休将白发唱黄鸡。

集评

1. 清·许昂霄："'松间沙路净无泥，潇潇暮雨子规啼'，何减'雨边山木合，终日子规啼'耶！'休将白发唱黄鸡'，香山诗'听唱黄鸡与白日。'"（《词综偶评》）

2. 清·陈廷焯："东坡《浣溪沙》云：'谁道人生无再少，君看流水尚能西，休将白发唱黄鸡。'愈悲郁，愈豪放，愈忠厚，令我神往。"（《白雨斋词话》）

3. 清·先著、程洪："坡公韵高，故浅浅语亦觉不凡。"（《词洁》）

简析

这首小令上阕写景，下阕议论抒情。上阕先写山旁清新洁净的环境，再点明溪水渐涨，沙路洁净的原因，是雨水连绵的缘故，而子规的啼叫，又使环境弥漫着一股低沉阴郁的调子。然而，在下阕，作者却很快就从这种情绪中解脱出来，以一种豁达通透的态度来面对人生。白居易《醉歌》写道："谁道使君不解歌，听唱黄鸡与白日。黄鸡催晓丑时鸣，白日催年酉前没。腰间红绶系未稳，镜里朱颜看已失"。苏轼反其意而用之，表达不要悲叹衰老，而应积极有为。面对生活，“苏轼虽然深切地感到人生如梦，但并未因此而否定人生，而是力求自我超脱，始终保持着顽强乐观的信念和超然自适的人生态度。”（袁行霈《中国文学史》（第三卷），高等教育出版社，1999：78.）

本词语言清新脱俗，素朴之中别有一种韵味。应该说，这也体现出苏轼为宋词的探索和发展做出的贡献。正如文学史家所言，“苏轼在语言上也一变花间词人错金镂采的作风，多方面吸收陶潜、李白、杜甫、韩愈等人的诗句入词，偶然也运用当时的口语，给人一种清新朴素的感觉。为了充分表达意境，有时还突破了音律上的束缚。”（游国恩.《中国文学史》（三），人民文学出版社，1963：65.）

（张华中）

思考题

1. 浣溪沙是这首词的________。

2.“门前流水尚能西！休将白发唱黄鸡。”这两句表达了作者________情感。

清平乐

黄庭坚

春归何处？寂寞无行路【春天来去的踪迹】。若有人知春去处，唤取【得、着】归来同住。

春无踪迹谁知？除非问取黄鹂。百啭【鸟婉转地鸣叫】无人能解【懂得，理解】，因风【顺着风势】飞过蔷薇。

集评

宋·胡仔："山谷词云：'春归何处？寂寞无行路。若有人知春去处，唤取归来同住。'王逐客云：'若到江南赶上春，千万和春住。'体山谷语也。"（《苕溪渔隐丛话》）

简析

作者以拟人的手法，赋予春天以人的特征。诗人因为春天的消逝而感到寂寞，感到无处觅得安慰，如同失去亲人一般。最后两句写黄鹂"百啭无人能解，因风飞过蔷薇"，蔷薇花开，夏天已来临。词人终于清醒地意识到：春天确实回不来了。当代学者薛砺若评价："山谷词尤以《清平乐》为最新，通体无一句不俏丽，而结句'百啭无人能解，因风飞过蔷薇'，不独妙语如环，而意境尤觉清逸，不着色相。为山谷词中最上上之作，即在两宋一切作家中，亦找不着此等隽美的作品。"（见《宋词通论》）

此词构思巧妙，跌宕起伏。先是一转，希望有人知道春天的去处，唤她回来，与她同住。这种奇幻想象，表现出词人对美好事物的执着追求。下片再转：词人从幻想中回到现实世界里，察觉到无人懂得春天的去向，春天不可能被唤回来。但词人仍存一线希望，希望黄鹂能知道春天的踪迹。这样，词人又进入幻觉的艺术境界里去了。故虢寿麓在《历代名家词百首赏析》这样评价：“这是首惜春词。耳目所触，莫非初夏景物。而春实已去。飘然一结，淡雅饶味。通首思路回环，笔情跳脱，全以神行出之，有峰回路转之妙。”

（谈永康）

思考题

1.“若有人知春去处，唤取归来同住”运用了什么修辞手法？表达了诗人怎样的情感？

2. 春天离开了，到了哪里？发挥你的想象，写几句话与诗人进行跨时空的交流。

悯农二首（其二）

李　绅

锄禾日当午，汗滴禾【谷类植物的统称】下土。
谁知盘中餐，粒粒皆【都】辛苦。

集评

1. 唐·范摅："初，李公赴荐，常以《古风》求知吕光化，温谓齐员外煦及弟恭曰：'吾观李二十秀才之文，斯人必为卿相。'果如其言。"（《云溪友议》）

2. 明·周珽："吴山民曰：由仁爱中写出，精透可怜，安得与风月语同看？知稼穑之艰难，必不忍以荒淫尽民膏脂矣。今之高卧水殿风亭，犹苦炎燠者，设身'日午汗滴'当何如？"（《唐诗选脉会通评林》）

3. 清·徐增："种禾偏在极热之天，赤日杲杲，当正午之际，锄者在田里做活，真要热杀人……及至转成四糙，煮饭堆盘，白如象齿，尽意大嚼，那知所餐之米，一粒一粒，皆农人肋骨上汗雨中锄出来者也！公垂作此诗，宜乎克昌其后。此题'悯'字，自必点出，若说得透彻，则'悯'字在其中矣。"（《而庵说唐诗》）

4. 清·李锳："此种诗纯以意胜，不在言语之工，《豳》之变风也。"（《诗法易简录》）

5. 清·贺裳："'诗有别趣，非关理也。'然理原不足以碍诗之妙。如元次山《舂陵行》、孟东野《游子吟》、韩退之《拘幽操》、李公垂《悯农》诗，真是六经鼓吹。"（《载酒园诗话》）

6. 清·吴乔："诗苦于无意，有意矣，又苦于无辞。如'锄禾日当

午’云云，诗之所以难得也。”（《围炉诗话》）

简析

《悯农二首》是李绅早期的作品，本诗为第二首。题目“悯农”，“短小精悍，以四两拨千斤。虽没有被收入诸如《唐诗三百首》之类最通行的选本，但仍然不胫而走，家喻户晓，可谓千古传诵。”“诗题为‘悯农’，诗人之心却不仅仅是一个‘悯’字，而是悲中有怒，悯中含忧。”（张国举《唐诗精华注译评》，长春出版社，2010：543.）

开头两句描绘了农民在烈日下不辞辛劳地耕种，汗水滴洒在农田里。诗人选择典型的生活细节和人们熟知的事物，把农民劳动的过程既全面又细致地表现了出来。它概括地表现出了无论严寒酷暑，还是雨雪风霜，农民终年辛勤劳动的生活。刘永济评认为，此诗“说尽农民遭剥削之苦，与剥削阶级不知稼穑艰难之事，而王士祯乃不入选，但以肤廓为空灵、以缥缈为神韵，宜人多有不满之论”（《唐人绝句精华》，人民文学出版社，2018：228.）。

“‘谁知盘中餐，粒粒皆辛苦’一句语重心长，尤其值得回味。‘谁知’语一出，便给人疑问之感，然‘盘中餐’‘皆辛苦’是人人皆知的道理，诗人的疑问似乎大可不必。然而，就是这个平常的浅显的道理，却往往被人忽略，尤其是被统治阶级忽略，故而才会出现杜甫诗中‘朱门酒肉臭’的情形。所以，李绅始终提出的疑问不仅必要，而且扣人心弦。”（丁敏翔《唐诗鉴赏大全集》，中国华侨出版社，2012：448.）“‘谁知’两句貌似平常，却是对骄奢淫逸的剥削阶级深恶痛绝的诘问、控诉。”赵其钧评：“‘谁知盘中餐，粒粒皆辛苦’，不是空洞的说教，不是无病的呻吟；它近似蕴意深远的格言，不仅以它的说服力取胜，而且由于在这一深沉的慨叹之中，凝聚着诗人无限的愤懑和真挚的同情。”（《唐诗鉴赏辞典》，上海辞书出版社，2017：997.）

全诗取材于田垄之间，将农事入诗，语言精练，通俗易懂，但构思精巧，见微知著。霍松林评价：“用寥寥四十字概括了当时社会的主要矛盾，而形象鲜明，激情喷涌，因而千百年来，传诵不衰。”（《唐诗精选》，凤凰出版社，2018：200.）

（平丽娜）

思考题

1. 诗歌描绘了在烈日当空的正午农民田里劳作的景象，概括地表现了农民终年________的生活，最后以语近意深的格言，表达了诗人对农民真挚的________。

2. 请根据这首诗制作一份小报。

遗爱寺

白居易

弄【在手里把玩】石临溪坐，寻花绕寺行。
时时闻鸟语【鸟鸣声】，处处是泉声。

集评

1. 金·王若虚："乐天之诗，情致曲尽，入人肝脾，随物赋形，所在充满，殆与元气相侔。"(《滹南诗话》)

2. 清·田雯："乐天诗极清浅可爱，往往以眼前事为见得语，皆他人所未发。"(《古欢堂集》)

简析

《遗爱寺》是白居易创作的一首写景抒情的五言绝句。唐宪宗元和十年（815 年），白居易被贬为江州司马。元和十二年，白居易游览遗爱寺有感作诗，收录入《白氏长庆集》。

全诗语言明白如话，文风清新自然。短短二十个字，向我们展示了一幅人与自然和谐相处的美景。第一二句写诗人在小溪边玩赏溪石，微风拂面，忽闻花香扑鼻，沁人心脾。放眼望去不见花，于是绕寺而行，漫步寻花。闻香寻花，诗人兴致盎然。后两句描绘了小鸟啁啾，溪水欢跃，寻花的一路上大自然各种美妙的声音不绝于耳。第三句的"时时"和第四句的"处处"，遥相呼应，表明这是一场发现之旅，大自然不断带给诗人惊喜。

白居易将石、溪、花、鸟、泉等自然景物有机地组合在一起，描绘了一幅清新秀丽、生机勃勃的图画，生动地表现了遗爱寺周围生机盎然，清幽雅致的环境气氛。如此良辰美景，怎不令人神往？于是，诗人调动触觉、视觉、嗅觉、听觉等多种感官，弄石、寻花、闻鸟语、听泉声，只想将自己融入大自然，呈现出其对大自然独特的审美体验。

诗歌两联对仗工整，自然流畅，毫无雕琢之感。诗人巧用动词，根据不同的场景变换句式结构，使得诗歌洋溢着一种流动的、活泼的诗意。谢思炜评此诗：“这首写景抒情的小诗；写得格外柔美，富有韵味。”(《唐诗鉴赏大典》，吉林大学出版社，2009：222.)

（平丽娜）

思考题

1. 从体裁上看，这首诗属于________。作者白居易，字________，号________，作者的诗集名为________。

2. 简析诗人在诗歌中是如何抒发对大自然的热爱之情的。

所　见

袁　枚

牧童骑黄牛，歌声振林樾【指道旁的树荫】。
意欲捕鸣蝉，忽然闭口立。

集评

1. 清·杭世骏："吾友子才太史，扫群弊而空之，说叙用敛笔，论辨用纵笔，叙事或敛或纵，相题为之，而大概超超空行，总不落一凡字。"(《小仓山房文集序》)

2. 清·姚鼐："君古文、四六体，皆能自发其思，通乎古法。于为诗尤纵才力所至，世人心所欲出不能达者，悉为达之。"(《袁随园君墓志铭》)

3. 清·孙星衍："其所为诗文，天才横逸，不可方物，尤长骈体，抑扬跌宕，得六朝体格。"(《故江宁县知县前翰林院庶吉士袁君枚传》)

4. 清·钱大昕："天与先生福慧全，文章经济又神仙。蓬莱小谪三千岁，湖海新诗一万篇。"(《袁简斋八十寿诗四首》)

5. 清·蒋士铨："我读随园诗，古多作者我不知，古今只此笔数枝，怪哉公以一手持；意所欲到笔注之，笔所未到意孳孳。"(《读随园诗题辞》)

简析

这首小诗，写下了一件在野外偶然看见的小事，事情是再细小，平常不过了，写出来却颇有诗趣：一个小牧童骑在黄牛背上，纵声高歌，声音响亮，回荡在树林间。忽然他停住没声了，紧闭双唇，下了牛背，原来他发现了鸣叫的知了，想要捕捉它呢！

诗仅二十字，分两部分。前半写牧童在牛背上放声高歌，无拘无束；后半写要捉鸣蝉前牧童的情态，其他细节在诗中都略去不写了，比如听到从林间一片蝉噪之声，以及交待捕蝉的方法，过程和结果等，只选取其中前后截然不同的姿态神情，形成鲜明的对比："歌声振林"和"闭口立"。这样，一个天真活泼、调皮贪玩的村野间的放牛娃形象就跃然纸上了。所以，写诗作文，如何剪裁，十分要紧。袁枚写诗，注重性情，善于捕捉一刹那间的感受，这首诗正充分体现了这一点。（蔡义江选注《绝句三百首》，浙江文艺出版社，2013：308.）

（丁蕾蕾）

思考题

1. 朗读全诗，结合具体内容，分析诗人是如何塑造小牧童充满童趣的生活画面的。

2. 诗人自己曾经说过"诗人者，不失其赤子之心也。"请谈谈你对"赤子之心"的认识。

江　雪

柳宗元

千山鸟飞绝，万径人踪灭。
孤舟蓑笠翁，独钓寒江雪。

集评

1. 明·胡应麟："骨力豪上，句格天成。"(《诗薮》)

2. 清·吴昌祺："清极，峭极，傲然独往。"(《删订诗解》)

3. 俞陛云："空江风雪中，远望则鸟飞不到，近观则四无人踪，而独有扁舟渔夫，一竿在手，悠然于严风盛雪间。其天怀之淡定，风趣之静峭，子厚以短歌为之写照。子和《渔父词》所未道之境也。"(《诗境浅说》)

简析

这首被誉为"唐人五绝最佳"的小诗是柳宗元诗文冷峭风格的集中体现。天地开阔，却全无"飞鸟""人踪"，一个"绝"、一个"灭"，见出一片浩渺的洁白，极清寒，极寂寥。视线由千山、万径逐渐缩小到孤舟，最后聚焦于一个小小的渔翁。"寒""雪"渲染了寂寥肃杀之境，但"孤""独"却使蓑笠翁相当醒目。他并未被这清寒肃杀的冰雪所惧，而是倔强孤独地垂钓于冰雪。晶莹澄澈、幽寒高洁的境界不仅是画面，也是诗人精神世界的外现。渔翁的孤傲劲拔与环境的清冷开阔结合，构成了诗歌迥拔流俗、一尘不染的冷峭格调。(赵昌平《唐诗三百首全解》，复旦大学出版社，2006：276.)

富于理想色彩的永贞革新失败后，柳宗元被贬永州。随他流徙的七旬老母半年后过世。政途黑暗，至亲离世，朝廷还下令“纵逢恩赦，不在量移之限”，他的人生如冰雪般严寒，但他为人为文仍追求“奥、节、清、幽、洁”，以纯粹和清洁来要求自我，绝不苟且媚俗。那个在风雪严寒中不避严霜的渔父何尝不就是诗人自己呢？

与之相较，柳宗元《渔翁》则表现了渔父散淡清新的一面：“渔翁夜傍西岩宿，晓汲清湘燃楚竹。烟销日出不见人，欸乃一声山水绿。回看天际下中流，岩上无心云相逐。”

（王琳妮）

思考题

1. 诗人通过哪些字词、意象营造了《江雪》的独特意境？

2. 柳宗元32岁时积极推行永贞革新，贬斥贪官污吏，整顿税收，却因政治斗争失败而贬放永州、柳州，请思考《江雪》和诗人际遇的关系。

回乡偶书（其一）

贺知章

少小离家老大【年纪大。作者回乡时已年逾八十】回，乡音无改【没什么变化】鬓毛衰【cuī，此处指人老时鬓发疏落发白】。

儿童相见不相识，笑问客从何处来。

集评

1. 明·唐汝询："摹写久客之感，最为真切。"(《唐诗解》)

2. 清·王尧衢："此作一气浑成，不假雕琢，兴之偶至，举笔疾书者。"(《古唐诗合解》)

3. 清·宋宗元："情景宛然，纯乎天籁。"(《网师园唐诗笺》)

简析

本诗抒写诗人离乡五十多年后辞官回乡，久客伤老之情。第一、二句可谓诗人的自画像。首句用"少小离家"与"老大回"自对，直白地概括数十年久客他乡的事实，暗自伤"老大"之情。次句又用不变的"乡音"与减少了的"鬓毛"自对，摹写自己的"老大"之态，并暗含不忘故乡之意。《唐诗鉴赏辞典》评此二句"感情自然、逼真，语言声韵仿佛自肺腑自然流出"(《唐诗鉴赏辞典》，上海辞书出版社，2012：91.)。三、四句转而刻画富于戏剧性的儿童笑问的场面。尽管只是一个儿童不识相问的小小情节，却将诗人重返故乡的喜悦，年老衰颓的悲哀及反主为宾的惆怅，各种复杂之情表现得十分真切，极富生活情趣又感人至深，让人回味无穷。故马茂元先生评价此二句："久客返乡，若悲若喜，感触万千的心情是最难言传的，此诗只剪取了一幅小小的生活场景，却把这种复杂感情表现得愈转愈深，味之无穷。”(《唐诗三百首新编（修订本）》，岳麓书社，1992：59.）古代诗论有“以少总多”之说，此诗可为范例。

（倪俊娟）

思考题

1.“老大”在诗中的意思是________，与之相呼应的词语是“____”。

2. 当儿童“笑问客从何处来”时，想象一下贺知章此时的心理。

早发白帝城

李　白

朝辞白帝彩云间，千里江陵一日还。
两岸猿声啼不住，轻舟已过万重山。

集评

1. 明·郭濬："'已过'二字，便见瞬息千里。点入猿声，妙，妙。"（《增订评注唐诗正声》）

2. 清·沈德潜："写出瞬息千里，若有神助。入'猿声'一句，文势不伤于直。画家布景设色，每与此处用意。"（《唐诗别裁集》）

3. 清·李锳："通首只写舟行之速，而峡江之险，已历历如绘，可想见其落笔之超。"（《诗法易简录》）

4. 清·施补华："太白七绝，天才超逸，而神韵随之。如'朝辞白帝彩云间，千里江陵一日还'，如此迅捷，则轻舟之过万山不待言矣。中间用'两岸猿声啼不住'一句垫之，无此句，则直而无味；有此句，走处仍留，急语仍缓。可悟用笔之妙。"（《岘佣说诗》）

简析

李白因为永王李璘事件而被流放西南，流放途中忽然被赦，身体的疲惫，内心的苦闷，似乎被彻底扫除尽净。于是从白帝城顺江而下，返回江陵。诗中写出路途有千里之遥，然而船行速度极快，一日即达。为了凸显这种快，似乎在猿声啼叫之间，一叶轻舟已经穿越千山万岭，顺流之下，直到江陵了。诗歌并没直接抒情，然而内心的愉悦和畅快却溢于言表。

“即以《早发白帝城》一诗而论，全篇词意完全出于《水经注》‘巫峡’一篇，但语言之自然，心情之舒畅乐观，与原文风貌，却迥然不同。”（游国恩《中国文学史》（二），91-92.）

尤为人津津乐道者，是看似闲笔淡墨的第三句。“此诗写江行迅速之状，如在目前。而‘两岸猿声’句，虽小小景物，插写其中，大足为末句生色。正如太史公于叙事紧迫中，忽入一二闲笔，更令全篇生动有味。而施均父谓此诗‘走处仍留，急语仍缓’，乃用笔之妙。”（刘永济《唐人绝句精华》，人民文学出版社，1981：51.）

（张华中）

思考题

1.“朝辞白帝彩云间”中的“朝”意思是________。

2. 请用自己的语言描述李白前往江陵途中见闻的景物和内心的感受。

大林寺桃花

白居易

人间四月芳菲尽，山寺桃花始盛开。
长恨春归无觅处，不知转入此中来。

集评

1. 宋·沈括："白乐天《游大林寺》诗云：'人间四月芳菲尽，山寺桃花始盛开。'盖常理也。此地势高下之不同也。"(《梦溪笔谈》)

2. 清·宋长白："白香山与元集虚十七人游庐山大林寺，时已孟夏，见桃花盛开，乃作诗曰：'人间四月芳菲尽……'梅花尼子行脚归，有诗曰：'着意寻春不见春，芒鞋踏破岭头云。归来笑捻梅花嗅，春花枝头已十分。'二绝可谓得禅机三昧矣。"(《柳亭诗话》)

3. 清·黄周星："只恐'此中'亦不能久驻，奈何!"(《唐诗快》)

简析

此诗作于唐宪宗元和十二年（817 年）四月。白居易时年四十六。此时，他受朝廷排斥，被贬为江州司马。白居易在《琵琶行》一诗中，曾面对琵琶女产生"同是天涯沦落人"的沧桑感慨。这种沧桑的感慨，也自然地融入了这首小诗的意境，使《大林寺桃花》记游诗，蒙上了逆旅沧桑的隐喻色彩。这首诗中，既用桃花代替抽象的春光，把春光写得具体可感，形象美丽；而且还把春光拟人化，把春光写得仿佛真是有脚似的，可以转来躲去。且不只是有脚而已，它简直还具有顽皮惹人的性格。在这首短诗中，自然界的春光被描写得是如此的生动具体，天真可爱，活灵活现，如果诗人没有对春的无限留恋、热爱，没有一片童心，是写不出来的。这首小诗的佳处，正在立意新颖，构思灵巧，而戏语雅趣，又复启人神思，惹人喜爱，可谓唐人绝句小诗中的又一珍品。（龚学文《〈大林寺桃花〉教学建议》，《小学教学研究》，江西教育出版社，1985）

（缪黎明）

思考题

1. 此诗只有短短的四句，从内容到语言都似乎没有什么深奥、奇警的地方，却写得意境深邃，富于情趣，试作分析。

2. 在诗中诗人是如何寄托自己的情感呢？

前出塞（其六）

杜　甫

挽【拉】弓当挽强，用箭当用长【指长箭】。
射人先射马，擒【捉拿】贼先擒王。
杀人亦有限，列国自有疆【边界】。
苟能制侵陵【侵犯】，岂在多杀伤。

集评

1. 清·吴瞻泰："大经济语，借戍卒口中说出。"(《杜诗提要》)

2. 清·浦起龙："上四（句）如此飞腾，下四（句）忽然掠转，兔起鹘落，如是！如是！"(《读杜心解》)

3. 清·杨伦："自六朝以来，乐府题率多模拟剿窃，陈陈相因，最为可厌。子美出而独就当时所感触，上悯国难，下痛民穷，随意立题，尽脱去前人窠臼。"(《杜诗镜铨》)

简析

《出塞》本是汉乐府歌曲的名称，是歌唱边疆战斗生活的军歌。杜甫大约于唐玄宗天宝十一年（752年），先写《出塞》九首，后又写了五首，加"前""后"以示区别。他在这些诗中，借用一个战士的口吻，通过他对从军情况的诉说和思想感情的抒发，描述了从出发远征、练兵作战直到立功受赏军中生活的全过程，赞扬了他们勇敢作战的顽强意志，歌颂了他们不贪功请赏和不畏艰苦的乐观精神，也谴责了封建统治阶级嗜杀成性和不顾民生的"开边"政策，发表了对于战争的一些看法。

（刘鹏程）

思考题

1. 读一读，读出慷慨激昂的气势。

2. 说一说，和你的小伙伴交流一下你读完这首诗的感受。

题诗后

贾　岛

二句三年得，
一吟双泪流。
知音如不赏，
归卧故山秋。

集评

唐·司空图："贾浪仙诚有警句，视其全篇，意思殊馁，大抵附于蹇涩，方可致才，亦为体之不备也。"（《与李生论诗书》）

简析

贾岛是唐代著名的苦吟诗人。关于他的"推敲"的故事至今引人议论。这首诗通俗易懂，前两句写自己作诗追求之高，反复琢磨以至三年才得称心之句，内心百感交集而热泪纵横。后两句向友人要表扬，威胁朋友说，你如果不喜欢，我就回老家。整首诗虽然有点自怜自恋，老夫撒娇的怪味，但是其中呈现的他对于诗歌创作的执着态度，对于当时浮靡的文风，躁动的文坛有定神反思的意义。因为只有秉持严肃的创作态度，对文字有敬畏，才有可能产生有深远艺术价值的作品。

（彭　音）

思考题

1. 贾岛被称为“苦吟”诗人，这首诗哪里可以看出这一点？

2. 古今中外有很多对艺术精益求精的人，去查一查，和你的同学做交流。

赋得【借古人诗句或成语命题作诗】古原草送别

白居易

离离【青草茂盛的样子】原上草，一岁一枯荣【枯，枯萎。荣，茂盛】。野火烧不尽，春风吹又生。远芳【草香远播】侵【侵占，长满】古道，晴翠【草原明丽翠绿】接荒城。又送王孙【本指贵族后代，此指远方的友人】去，萋萋【形容草木长得茂盛的样子】满别情。

集评

1. 明·唐汝询："上两联写物生之无间，下两联写草色之关情。乐天语尚真率，佳处固自不少，要非入选之诗，独此风格犹存，故采以备长庆之一体。"(《唐诗解》)

2. 清·顾安："三、四的是佳句，但'一岁一枯荣'虽是起下，而语太显露，遂使下句意味不全。五、六虽分'古道''荒城'，而用意实是合掌。结句呆用'王孙'，更庸弱。香山诸体颇称大手笔，此作独枯率窄狭，不能展动，得非以好句累之乎?"(《唐律消夏录》)

3. 清·田雯："刘孝绰妹诗：'落花扫更合，丛兰摘复生。'孟浩然：'林花扫更落，径草踏还生。'此联岂出自刘驮?白乐天《咏原上草送客》诗'野火烧不尽，春风吹又生'，一句之意，分为两句，风致亦自不减。古人作诗，皆有所本，而脱化无穷，非蹈袭也。"(《古欢堂集杂著》)

4. 俞陛云："诵此诗者，皆以为喻小人去之不尽，如草之滋蔓。作者正有此意，亦未可知。然取喻本无确定，以为喻世道，则治乱循环；以为喻天心，则贞元起伏。虽严寒盛雪，而春意已萌。见仁见智，无所不可。"(《诗境浅说》)

简析

此诗作于贞元三年（787年），作者时年十六，诗是应考的习作。按科场考试规矩，凡指定、限定的诗题，题目前须加“赋得”二字，作法与咏物相类，须缴清题意，起承转合要分明，对仗要精工，全篇要空灵浑成，方称得体。束缚如此之严，故此体向少佳作。据唐代张固《幽闲鼓吹》载，作者这年始自江南入京，谒名士顾况时投献的诗文中即有此作。起初，顾况看着这年轻士子说：“米价方贵，居亦弗易。”虽是拿居易的名字打趣，却也有言外之意，说京城不好混饭吃。及读至“野火烧不尽”二句，不禁大为嗟赏，道：“道得个语，居亦易矣。”并广为延誉。可见此诗在当时就为人称道。此诗通过对古原上野草的描绘，抒发送别友人时的依依惜别之情。它可以看成是一曲野草颂，进而是生命的颂歌。诗的前四句侧重表现野草生命的历时之美，后四句侧重表现其共时之美。全诗章法谨严，用语自然流畅，对仗工整，写景抒情水乳交融，意境浑成，是“赋得体”中的绝唱。关于此诗的立意，《唐诗三百首》：“诗以喻小人也。消除不尽，得时即生，干犯正路。文饰鄙陋，却最易感人。”而《唐诗成法》言：“不必定有深意，一种宽然有余地气象，便不同啾啾细声，此大小家之别。”

（杨等华）

思考题

1. 针对这首诗，古今鉴赏家都觉得诗作“别有深意”，请你结合集注部分和你自己的理解，谈谈你的看法。

2.《唐律消夏录》认为：“三、四的是佳句，但‘一岁一枯荣’虽是起下，而语太显露，遂使下句意味不全。”“香山诸体颇称大手笔，此作独枯率窄狭，不能展动，得非以好句累之乎？”你是否赞成这种观点？

七步诗

曹　植

煮豆持作羹，漉豉以为汁。
萁在釜下燃，豆在釜中泣。
本是同根生，相煎何太急？

集评

1. 南朝梁·刘勰："子建思捷而才俊，诗丽而表逸。"（《文心雕龙·才略》）

2. 明·李贽："览此诗，虽铁为肝，铁索为肠，亦软矣。"（《初潭集》）

3. 清·沈德潜："至性语。贵在质朴。"（《古诗源》）

简析

东汉延康元年（220 年）十月，汉献帝被迫禅让帝位，曹丕上位，称帝为魏文帝。由于争封太子这段经历，曹丕称帝后，仍对曹植耿耿于怀。他担心这个有学识又有政治志向的弟弟会威胁自己的皇位，就想着法子要除掉他。曹植知道哥哥存心陷害自己，可自己无法开脱，只好在极度悲愤中七步之内应声成诗。这首诗纯以比兴的手法出之，语言浅显，寓意明畅，毋庸多加阐释，只须于个别词句略加疏通，其意自明。前四句描述了燃萁煮豆这一日常生活现象，曹植以"豆"自喻，一个"泣"字充分表达了受害者的悲伤与痛苦。第二句中的"漉豉"是指过滤煮熟后发酵过的豆子，用以制成调味的汁液。“萁”是指豆茎，晒干后用来作为柴火烧，萁燃烧而煮熟的正是与自己同根而生的豆子，比喻兄弟逼迫太紧，自相残害，实有违天理，为常情所不容。诗人取譬之妙，用语之巧，而且在刹那间脱口而出，实在令人叹为观止。后两句笔锋一转，抒发了曹植内心的悲愤，这显然是在质问曹丕：我与你本是同胞兄弟。为什么要如此苦苦相逼？“本是同根生，相煎何太急”，千百年来已成为人们劝诫避免兄弟阋墙、自相残杀的普遍用语，说明此诗在人民中流传极广。(《汉魏六朝诗鉴赏辞典（新一版）》，上海辞书出版社，2015：305-306.）

（缪黎明）

思考题

1. 最后两句“本是同根生，相煎何太急？”在文中起何作用？
2. 这首诗的比喻贴切而生动，试作分析。

百忧集行

杜 甫

忆年十五心尚孩【心智还未成熟，还像一个小孩子】，健如黄犊【小牛】走复来。

庭前八月梨枣熟，一日上树能千回。

即今倏忽已五十，坐卧只多少行立【走和站的时候少，是说身体衰了】。

强将笑语【犹强为笑语，杜甫作客依人，故有此说不出的苦处】供主人【泛指所有曾向之求援的人】，悲见生涯百忧集。

入门依旧四壁空，老妻睹我颜色同。

痴儿不知父子礼，叫怒索饭啼门东。

集评

1. 清·仇兆鳌："'笑语供主人'，说穷途作客之态最苦。……'索饭啼门东'，说饥不择食之情最惨。"（《杜诗详注》）

2. 清·浦起龙："'强笑语''悲生涯'，一篇之主。起四，奇，追忆少时，若将索食于庭树者。结四，趣，偏值缺饭，偏群然向索。"（《读杜心解》）

3. 清·杨伦："形容绝倒、正为衬出下文（'健如黄犊'三句下）。写憔悴，言少意多（'坐卧只多'句下）。亦带诙谐（'痴儿不知'句下）。聊以泄愤，不嫌径直。"（《杜诗镜铨》）

简析

此为七言古诗。作于唐肃宗上元二年（761 年）。当时，杜甫虽居成都草堂，但不过是躲避战乱，暂且栖身。其生活仍极贫困，只有充当幕府，仰人鼻息，依附他人，靠施展自己的诗才，换取菲薄的报酬，勉强度日。他虽深受儒学的影响，笃信君君臣臣父父子子那套封建教条，但却有自己独立的人格、节操。特别是，他连年深受战乱之苦，家破人亡，饥寒交迫，差点儿丢掉性命，故接触到下层黎民百姓，深知他们的痛苦，同情他们的命运。这就使杜甫和那些养尊处优的官吏们产生了很大的思想距离，甚至于格格不入。所以，有时也会遭到冷遇。加之年迈多病，经济拮据，无力支撑家庭重荷，故心情惆怅，百忧咸集……它“悲愤慷慨，郁结于中”，“沉郁苍凉，跳跃动荡”（陈廷焯《白雨斋词话》）。诗人不幸的遭遇，亲身的体验，内心的痛楚，丰富的阅历，在诗中化为一股股情感流。它回旋激荡，飞湍暗转，悲愤呼号，久久不息。（周啸天主编《唐诗鉴赏辞典补编》，四川文艺出版社，1990：278-280.）

《百忧集行》中回忆起自己身体强健、无忧无虑的少年时代，并慨叹现在的情况则是：由于没有什么收入，而全家有七八口人，妻子杨氏、小弟杜占、儿子宗文和宗武、两三个女儿，可能还有仆人，家庭负担并不轻松，所以生活仍不免陷入窘境之中。《百忧集行》就生动地反映了家徒四壁的境况，小孩子“叫怒索饭”、气咻咻地喊着要饭吃的镜头尤其传神。（莫砺锋，武国权《杜甫》，南京大学出版社，2012：256.）

（金　瑜）

思考题

1. 清代的杨伦在《杜诗镜铨》中说，此句说“形容绝倒，正为衬出下文”，请结合诗歌前两句进行分析。

2. 赏析本诗艺术手法上有哪些特色。

别董大（其一）

高　适

千里黄云【天上的乌云】白日曛【太阳黯淡无光。曛(xūn)，即曛黄，指夕阳西沉时的昏黄景色】，北风吹雁雪纷纷。

莫愁前路无知己，天下谁人【哪个人】不识君【你，这里指董大，即董庭兰，当时有名的音乐家，在其兄弟中排名第一，故称“董大”。】？

集评

1. 明·蒋仲舒：“适律诗：‘莫怨他乡暂离别，知君到处有逢迎’，即此意。”(《唐诗广选》)

2. 明·唐汝询：“云有将雪之色，雁起离群之思，于此分别，殆难为情，故以莫愁慰之。言君才易知，所如必有合者。”(《唐诗解》)

3. 清·周珽：“上联具景物凄惨，分别难以为情。下联见美才易知，所如必多契合；至知满天下，何必依依尔我分手！就董君身上想出赠别至情。妙，妙。”(《唐诗选脉会通评林》)

简析

天宝六年（747 年）春天，房琯遭贬谪，出任宜春太守，作为房琯的门客的董庭兰只好离开长安。冬天，高适来到睢阳（故址在今河南商丘南），写了这首诗送他，诗中头两句描写分别时愁人的景色，后两句是作者对董大即将远行的慰勉。既反映了依依惜别的心情，又表现得比较豁达。（涂元渠《高适岑参诗选注》，上海古籍出版社，1983：44.）

殷璠在《河岳英灵集》里称赞高适，说他“诗多胸臆语，兼有气骨”。故高适作诗以质实的古体见长，律诗好的不多，但他写的一些与从军边塞相关的绝句，亦有气质沉雄、境界壮阔的特点。如《别董大》：“千里黄云白日曛，北风吹雁雪纷纷。莫愁前路无知己，天下谁人不识君？”……这样的诗，若没有亲临边塞的生活体验，是不容易写出来的。（袁行霈《中国文学史》（第二卷），高等教育出版社，2005：210-211.）

（金　瑜）

思考题

1.《而庵说唐诗》曾提及“此诗妙在粗豪”，请结合本诗前两句进行赏析。

2.“莫愁前路无知己，天下谁人不识君”，包含了作者怎样的思想感情。

乞 巧

林 杰

七夕今宵看碧霄【指浩瀚无际的青天】，牵牛织女渡河桥。

家家乞巧【古代节日，在农历七月初七日，又名七夕】望秋月，穿尽红丝几万条【形容多】。

集评

1. 东晋·葛洪：“汉彩女常以七月七日穿七孔针于开襟楼，俱以习之。”（《西京杂记》）

2. 唐·祖咏：“闺女求天女，更阑意未阑。玉庭开粉席，罗袖捧金盘。向月穿针易，临风整线难。不知谁得巧，明旦试相看。”（《全唐诗》）

3. 宋·吴自牧：“七月七日，谓之七夕节。其日晚晡时，倾城儿童女子，不论贫富，皆着新衣。富贵之家，于高楼危榭，安排筵会，以赏节序。又于广庭中设香案及酒果，遂令女郎望月瞻斗列拜，次乞巧于女、牛。或取小蜘蛛，以金银小盒盛之，次早观其网丝圆正，名曰‘得巧’。”（《梦粱录》）

简析

《乞巧》是唐代诗人林杰在儿童时期所写，林杰不幸早逝，《全唐诗》仅留存两首作品。本诗便是其一。全诗“以一个孩童的视角描述民间的乞巧节如何盛况空前”（蒲向明《从唐宋七夕诗文看乞巧在陇南的流传》，载《重庆三峡学院学报》，2014 年第 4 期），乞巧节便是“七夕”

节。这一日民间活动众多，唐宋习俗最盛。故这一日热闹至极，张灯结彩，人民借节日举行盛大的欢庆活动。本诗第一句“七夕今宵看碧霄”，在夜晚如何看得见“碧霄”？那是因为灯火通明之故。一句话便把我们拉入了那欢闹如昼的夜晚。“牵牛织女渡河桥”说的就是牛郎织女的典故，又有天文现象两星相会可以观察，人文与天文完美地结合在了一起。

“家家乞巧望秋月，穿尽红丝几万条。”当日最主要一个节目就是乞巧，所谓乞巧，就是向织女乞求一双巧手的意思。“七月初七又叫女儿节，北方风俗，这天晚上在屋外要摆上瓜果，向织女乞巧，希望织女把纺织的手艺传给人间。”（赵逵夫《连接神话与现实的桥梁——论牛郎织女故事中乌鹊架桥情节的形成及其美学意义》，载《北京社会科学》，1990 年第 1 期）乞巧最普遍的方式是对月穿针，如果线从针孔穿过，就叫“得巧”。故此两句写的就是众人对月穿针之事，穿针本就不易，针眼极小，需目力佳、手稳且光线足方可穿成。在月光下穿针是极难的，所幸一是街灯亮，二是人多气氛好，三是不为穿而穿，乃是乞求口彩，祝福之意。本诗就此记录下当时鲜活的民俗风貌，也让今天的读者看到前人的生活情态。再回想到这是一个儿童所写，不禁令人欣喜。

（程夕琦）

思考题

1. 尝试在不同的亮度环境下穿针引线，理解“望秋月”，交流感受。
2. 用自己的话向家长讲讲牛郎织女和嫦娥奔月的故事。

于易水送人

骆宾王

此地别燕丹【燕国太子丹】，壮士【指荆轲】发冲冠【形容人极端愤怒，因而头发直立，把帽子都冲起来了】。

昔时人已没【死，即“殁”字】，今日水犹寒。

集评

明·王世贞：“卢、骆、王、杨，号称四杰，词旨华靡，固沿陈隋之遗，而骨气翩翩，意象老境，则超然胜之。”(《艺苑卮言》)

简析

从诗题上看，这是一首送别诗。从诗的内容上看，这又是一首咏史诗。诗人在送别友人之际，发思古之幽情，表达了对古代英雄的无限仰慕，从而寄托他对现实的深刻感慨，倾吐了自己满腔热血无处可洒的极大苦闷。

骆宾王长期怀才不遇，遭受武氏政权的迫害，在易水送友之际，自然地联想起古代君臣际会的悲壮故事，借咏史以喻今，为下面抒写怀抱创造了环境和气氛。诗尾“寒”字，寓意丰富，深刻表达了诗人对历史和现实的感受。于易水岸送别友人，不仅感到水冷气寒，更觉意冷心寒，只好向知心好友倾诉难酬的抱负和无尽的愤懑。

（刘鹏程）

思考题

1. 诗人在易水边想起了历史事件是：______________________________

2. 末句表达了作者怎样的思想感情？

逢雪宿芙蓉山主人

刘长卿

日暮苍山远，

天寒白屋【指不施彩色、露出本材的房屋；一说，指以白茅覆盖的房屋。为古代平民所居】贫。

柴门【用柴木做的门。言其简陋】闻犬吠，

风雪夜归人。

集评

1. 明·顾璘：“此所谓真语真情者，清语古调。”（《批点唐音》）

2. 明·吴逸一：“极肖山庄清景，却不寂寞。”（《唐诗正声》）

3. 明·唐汝询：“此诗直赋实事，然令落魄者读之，真足凄绝千古。”（《唐诗解》）

4. 清·黄叔灿：“上二句孤寂况味，犬吠人归，若惊若喜，景色入妙。”（《唐诗笺注》）

5. 清·施补华：“较王、韦稍浅，其清妙自不可废。”（《岘佣说诗》）

简析

这首诗用极其凝练的诗笔，描画出一幅以旅客暮夜投宿、山家风雪人归为素材的寒山夜宿图。诗是按时间顺序写下来的。首句写旅客薄暮在山路上行进时所感，次句写到达投宿人家时所见，后两句写入夜后在投宿人家所闻。每句诗都构成一个独立的画面，而又彼此连属。诗中有画，画外见情。就写作角度而言，前半首诗是从所见之景着墨，后半首诗则是从所闻之声下笔的。这里，只写“闻犬吠”，可能因为这是最先打破静夜之声，也是最先入耳之声，而实际听到的当然不只是犬吠声，应当还有风雪声、叩门声、柴门启闭声、家人回答声，等等。这些声音交织成一片，尽管借宿之人不在院内，未曾目睹，但从这一片嘈杂的声音足以构想出一幅风雪人归的画面。诗作虽然没有多费笔墨去说明借宿之人的感想，但从中透露的山居荒寒之感，由此触发的旅人静夜之情，却是不言自见的。

（秦　岭）

思考题

1. 请根据诗作内容，展开合理想象，绘制出诗作所表现的场景，并思考作品表达了作者怎样的感情。

2.“柴门闻犬吠，风雪夜归人”，两句虽然写夜、风、雪，读起来却有着一种说不出的温暖与喜悦。请发挥你的想象，对此进行分析。

鹿　柴【zhài，“寨”，栅栏，此为地名】

王　维

空山不见人，但闻人语响。

返景【夕阳返照的光。“景”同“影”】入深林，复照青苔上。

集评

1. 宋·苏东坡：“味摩诘之诗，诗中有画。观摩诘之画，画中有诗。”（《书摩诘〈蓝田烟雨图〉》）

2. 明·王鏊：“摩诘以淳古澹泊之音，写山林闲适之趣，如辋川诸诗，真一片水墨不着色画。”（《震泽长语》）

3. 明·唐汝询：“‘不见人’，幽矣；‘闻人语’，则非寂灭也。景照青苔，冷淡自在。摩诘出入渊明，独《辋川》诸作最近。探索其趣，不拟其词。如‘结庐在人境，而无车马喧’，喧中之幽也，‘空山不见人，但闻人语响’，幽中之喧也。如此变化，方入三昧法门。”（《唐诗解》）

4. 清·黄叔灿：“‘不见人’、‘闻人语’，以林深也。‘返景’，日之返照，林深少日，易长青苔。而返景照入，空山阒寂，真麋鹿场也，诗细甚。”（《唐诗笺注》）

5. 清·吴烶：“不见人，闻语响，极写空山幽致。怅望独立，日已西沉，而光返东照，苔色如洗，青翠可爱，有许多赏心适意处。”（《唐诗选胜直解》）

6. 清·李锳：“‘人语响’是有声也，‘返景照’是有色也。写空山不从无声无色处写，偏从有声有色处写，而愈见其空。严沧浪所谓‘玲珑透彻’者应推此种。”（《诗法易简录》）

7. 清·施补华："辋川诸五绝，清幽绝俗。其间'空山不见人'、'独坐幽篁里'、'木末芙蓉花'、'人闲桂花落'四首尤妙，学者可以细参。"（《岘佣说诗》）

简析

这首诗描绘了鹿柴附近的幽静之景。首句"空山不见人"直接描写空山的寂寥静谧。山之所以"空"，是因为杳无人迹。次句"但闻人语响"，以局部的有声反衬整体的寂静。"但闻"二字将山中各种声音统统排除开，只听见偶尔传来的几声"人语响"。表面上看，这几声"人语响"似乎打破了寂静，其实，一阵人语响过以后，空山又回到了万籁俱寂的境界之中。

"返景入深林，复照青苔上。"用夕阳返照来反衬深林的幽暗清冷。乍一看，这一抹微弱的斜晖似乎给幽暗的深林带来了一丝光亮，其实恰恰相反。当"返景"的余晖透过斑驳的树影照在青苔上时，那一小块光亮与一大片幽暗所形成的强烈对比，反而使深林的幽暗更加突出，更显鹿柴附近的空山深林在傍晚时分的幽深宁静。

（丁蕾蕾）

思考题

1. 从内容的角度看，这是一首（　　）

A. 田园诗　B. 边塞诗

2. 苏轼曾用"________"评价王维的诗。

江畔独步寻花（其六）

杜　甫

黄四娘【杜甫住成都草堂时的邻居】家花满蹊【xī，小路】，千朵万朵压枝低。

留连戏蝶【蝴蝶飞舞，好像在游戏】时时舞，自在娇莺恰恰啼【娇，可爱的样子。恰恰，象声词，形容黄莺啼叫悦耳和谐的声音。一说“恰恰”为唐时方言，有恰巧碰上、恰好之意】。

集评

1. 宋·苏轼：“此诗虽不甚佳，可见子美清狂野逸之态，故仆喜书之。”(《书子美黄四娘诗》)

2. 明·王嗣奭：“其六之妙，在‘留连’‘自在’，春光骀荡，又觉恼人。”(《杜臆》)

3. 清·黄叔灿：“‘时时舞’，故曰‘留连’，‘恰恰啼’，故曰‘自在’。二语以莺蝶起兴，见黄四娘家花朵之宜人也。”(《唐诗笺注》)

简析

唐肃宗上元二年（761 年）春，杜甫独自在锦江江畔散步赏花，写下了《江畔独步寻花》组诗七首。其中，每一首都紧扣“寻花”这一主题。

本诗叙述了在黄四娘家赏花时的场面和感触，描写草堂周围烂漫的春光，表达了对美好事物的热爱之情和适意之怀。俞陛云在《诗境浅说》中说：“少陵诗雄视有唐，本不以绝句擅名，而绝句不事藻饰，有幅巾独步之概。”首句点明寻花的地点，并以人名入诗，颇有生活情趣；次句“千朵万朵”是上句“满”的具体化；第三句写花枝上彩蝶蹁跹，因恋花而“留连”不去，暗示出花的芬芳鲜妍，不免使漫步的人“留连”。正在赏心悦目之际，恰巧传来一串黄莺动听的歌声，将沉醉花丛的诗人唤醒。诗歌在莺歌“恰恰”声中结束，饶有余韵。

学者杨义在《李杜诗学》中说：“本诗的语言特点是叠字和连绵字的采用，全诗在连绵反复中显得明快、清丽、亲切、轻松而声调悠扬，富于民间趣味和自由自在的境界。”（杨义《李杜诗学》，北京出版社，1988：86.）

（王想龙）

思考题

1. 简要分析第三句中的“留连”一词的表达作用及效果。
2. 本诗运用了移情于物的手法，试作简要赏析。

赠花卿

杜 甫

锦城丝管【泛指音乐】日纷纷【形容乐曲的轻柔悠扬】，半入江风半入云。

此曲只应天上【双关语，虚指天宫，实指皇宫】有，人间能得几回闻？

集评

1. 明·杨慎："（花卿）蜀之勇将也，恃功骄恣。杜公此诗讥其僭用天子礼乐也，而含蓄不露。有风人'言之无罪，闻之者足以戒'之旨。公之绝句百余首，此为之冠。"（《升庵诗话》）

2. 清·仇兆鳌："此诗非歌妓所能当，其为花敬定无疑。其人恃功骄态，故语含讽刺。能得几回闻，言其必不能久也。"（《杜诗详注》）

3. 清·杨伦："似谀似讽，所谓言之者无罪，闻之者足以戒也。此等绝句，亦复何减龙标、供奉！"（《杜诗镜铨》）

简析

杜甫的七绝《赠花卿》是一首字面上明白如话，而内涵极其丰富的佳作。诗的前两句，向读者呈现了锦城乐曲如行云流水般的美妙场景，用通感的手法，化无形为有形，描绘出弦管那种轻悠、柔靡，杂错而又和谐的音乐效果；同时又将悠扬的乐曲借助两个"半"字与江、云融汇成一幅清丽娴雅的画面。后两句更是将眼前之曲与天上之音相联系，由实入虚，用"只应"和"能得"二字将诗句的言外之意蕴含其中。难怪高步瀛在《唐宋诗举要》评论此诗说："杜子美以涵天负地之才，区区四句之作，未能尽其所长，有时遁为瘦硬牙杈，别饶风韵。宋之江西派往往祖之。然观'锦城丝管'之篇，'岐王宅里'之咏，较之太白、龙标，殊无愧色。"

周兴陆在《古诗讲读》(上海人民出版社，2014: 71.) 中评论道："诗人只赞美其乐曲的美妙，但'只应''能得'两虚词轻轻斡旋，已经逗露出对花敬定目无朝廷、僭越礼乐的规讽。讽刺之旨，闲雅渊深，超出意表，深得《诗经》的神髓。"

(许正芳)

思考题

1. 这首诗描绘了乐曲的什么特点？
2. 如何理解"半入江风半入云"一句中的"半"字的意思？

黄鹤楼送孟浩然之广陵

李　白

故人西辞黄鹤楼，烟花三月下扬州。
孤帆远影碧空尽，唯见长江天际流。

集评

1. 清·宋顾乐："不必作苦语，此等诗如朝阳鸣凤。"(《唐人万首绝句选评》)

2. 清·吴烻："首二句将题面说明，后二句写景，而送别之意已见言表。孤帆远影，以目送也；长江天际，以心送也。极浅极深，极淡极浓，真仙笔也。"(《唐诗选胜直解》)

简析

这是送别诗，充满了诗意的离别。开元十八年（730年）三月，李白得知好友孟浩然要去广陵（今江苏扬州），便托人带信，约孟浩然在江夏（今武汉市武昌区）相会。几天后，孟浩然乘船东下，李白亲自送到江边。送别时写下了这首《黄鹤楼送孟浩然之广陵》。首句点出送别的地点：一代名胜黄鹤楼；二句写送别的时间与去向："烟花三月"的春色和东南形胜的"扬州"；三、四句写送别的场景：目送孤帆远去，只留一江春水。全诗以绚丽的春色和浩渺的长江为背景，描绘了一幅意境开阔、色彩明快、风流倜傥的送别图。这次离别正是开元盛世，春意最浓季节，一路都是繁花似锦。作者心里没有忧伤，反而认为孟浩然这趟旅行快乐得很，他向往扬州，向往好友，胸中有无穷的诗意随着江水荡漾。富寿苏、刘拜山评注："'孤帆'二句，传伫立怅望之神，不言别情而别情弥挚。通首措语俊逸，缀景阔大，一片神行，含蕴无穷，宜其扬名千古。"（《千首唐人绝句》，上海古籍出版社，1985：128-129.）

（缪黎明）

思考题

1.《黄鹤楼送孟浩然之广陵》这首送别诗，较王勃的《送杜少府之任蜀川》，有何特殊的感情色调？

2."孤帆远影碧空尽，唯见长江天际流"，看起来似乎是写景，但不尽如此。请赏析其中的妙处。

塞下曲（其二）

卢　纶

林暗草惊风【突然被风吹动】，将军夜引弓【拉开弓】。
平明【清早】寻白羽，没在石棱【石头的棱角】中。

集评

1. 清·李锳：“暗用李广事，言外有边防严肃、军威远振之意。”（《诗法易简录》）

2. 清·贺裳：“《塞下曲》六首俱有盛唐之音，‘平明寻白羽，没在石棱中’一章尤佳。人顾称‘欲将轻骑逐，大雪满弓刀’，虽亦矫健，然殊有逗留之态，何如前语雄壮！”（《载酒园诗话又编》）

3. 清·潘德舆：“诗之妙全以先天神运，不在后天迹象。……卢纶‘林暗草惊风’，起句便全是黑夜射虎之神，不至‘将军夜引弓’句矣。”（《养一斋诗话》）

4. 清·章燮：“（旁批）立功之日。此言将军武艺也。”（《唐诗三百首注疏》）

简析

《塞下曲》为组诗，共六首。“卢纶长期居浑瑊幕府，任元帅判官，浑瑊英勇拒敌、力振国威的多次战斗，都亲自参与，故能发为高唱，作此组诗，在以厌战思归为主旋律的中唐边塞诗中卓然特立，大放异彩，评论家认为‘有盛唐之音’，可与岑参边塞诗抗手。”（霍松林《唐诗精选》，凤凰出版社，2018：115.）此诗为第二首，写将军夜猎，见林深处风吹草动，以为是虎，便弯弓射虎。天亮一看，箭竟已射入石中。

据《史记·李将军列传》记载，汉代名将李广善射，“广出猎，见草中石，以为虎而射之。中石没镞，视之石也。因复更射之，终不能复入石矣”。卢纶袭用李广射虎这一典故，加以巧妙的环境渲染和戏剧性的情节安排，使得情节曲折，引人入胜，把将军武艺的高强写得入木三分。刘拜山评解：“此首写将军雄武，檃栝李广故事，而‘林暗’句宛似猛虎欲出，设景尤妙。”（《千首唐人绝句》，上海古籍出版社，1985：394.）俞陛云也评：“此借用李广事，见边帅之勇健。首句林暗风惊，不言虎而如有虎在。李广射虎事，仅言射石没羽，记载未详。夫弓力虽劲，以石质之坚，没镞已属难能，而况没羽。作者特以‘石棱’二字表出之，盖发矢适射两石棱缝之中，遂能没羽，于情事始合。卢允言乃读书得闲也。”（《诗境浅说》，古吴轩出版社，2018：140.）

《史记》一段普普通通插叙的文字，一经诗人提炼加工，升华出如此富于艺术魅力的小诗。开头两句“林暗”“惊风”，营造出了一种紧张的氛围，让人不由联想到林中有虎，也点出了将军引弓的起因。后两句，交代了引弓的结果，出人意料，情节反转，富于戏剧性。赵昌平解：“这诗笔法跳脱。‘林暗草惊风’渲染气氛，暗示疑有虎来，妙在不说破，‘夜引弓’因此而发，却留下悬念，三句平明寻箭作一舒宕，逗出末句石棱饮羽，反挑悬念。再回看前二句，当时之惊险，‘将军’之神勇，回味无穷。”（《唐诗三百首全解》，复旦大学出版社，2018：284.）

（平丽娜）

思考题

1. 从题材上看，这首诗属于________诗。取材于西汉史学家________记载当时名将李广事迹的________。

2.《塞下曲》是组诗，共有六首，请找到另五首，读一读。

凉州词

王之涣

黄河远上【一作“黄沙直上”】白云间，一片孤城【指玉门关】万仞山。

羌笛何须怨杨柳，春风不度玉门关。

集评

1. 明·杨慎：“此诗言恩泽不及于边塞，所谓君门远于万里也。”(《升庵诗话》)

2. 明·唐汝询：“此状凉州之险恶也。河出昆仑，东流渐下，今西向视之，则远上云间矣。城在万山之中，犹为险僻，是真春光不到之地也。春不至，则柳不生，羌笛何须怨之哉?”(《唐诗解》)

3. 俞陛云：“此诗前二句之状采，后二句之深情，宜其传遍旗亭，推为绝唱。”(《诗境浅说》)

简析

本诗是王之涣的名作，章太炎称其为“绝句之最”。根据《唐才子传》的记载的“旗亭画壁”这一故事，王昌龄、高适和王之涣在酒楼饮酒，伶人歌唱助兴，“一伶唱昌龄二绝句，一唱适（高适）一绝句”，而最后出场的那个“佳妓”所唱便是这首《凉州词》。

诗歌描绘边塞的景象与生活，气象磅礴又慷慨苍凉。关于首句，一说黄河离玉门关距离遥远，首句应作“黄沙”，但“黄沙”虽更符合地理实际，但写景的壮观程度远不如“黄河”。三四两句诗人直抒“征戍别离”之情。“‘何须怨’不是真的劝他不要怨，而是说怨也没用，这是更深刻的反话。”（施蛰存《唐诗百话》，转引自倪海权主编《唐诗三百首译注》，黑龙江大学出版社，2014：520.）分明表现了边塞战士无奈的哀怨。“由曲中之柳犹可闻，想到关外之柳不可见，层层深入，极尽征戍别离之情。”（程千帆《古诗今选上》，凤凰出版社，2000：140.）加之此地“春风”不到，边塞战士内心的痛苦与处境的孤独相互交织，感人肺腑。

（张慧腾）

思考题

1. 分析诗歌前两句所营造的意境。

2. 王瀚《凉州词》云“醉卧沙场君莫笑，古来征战几人回”，比较其与本诗三四句在情感抒发上的异同。

秋　夕

杜　牧

银烛【银色而精美的蜡烛。银，一作“红”】秋光冷画屏【画有图案的屏风】，轻罗小扇【轻巧的丝质团扇】扑流萤【飞动的萤火虫】。

天阶【露天的石阶。天，一作“瑶”】夜色凉如水，坐看【坐着朝天看。坐：一作“卧”】牵牛织女【两个星座的名字，指牵牛星、织女星。亦指古代神话中的人物牵牛和织女】星。

集评

1. 宋·谢枋得：“‘卧看牵牛织女星’隐然说一生不蒙幸，愿如牛女一夕之会，亦不可得。怨而不怒，真风人之诗。”(《注解选唐诗》)

2. 宋·曾季狸：“含蓄有思致。星象甚多，而独言牛女，此其所以见其为宫词也。”(《艇斋诗话》)

3. 清·王文濡：“此宫中秋怨诗也，自初夜写至夜深，层层绘出，宛然为宫人作一幅幽怨图。”(《唐诗评注读本》)

简析

这首诗写失意宫女生活的孤寂幽怨和凄凉的心境。一、三句写景，把深宫秋夜的景物十分逼真地呈现在读者眼前。一个“冷”字暗示寒秋气氛，又衬出主人公内心的孤凄。“凉如水”比喻不仅有色彩感，而且有温度感。二、四两句写宫女，含蓄蕴藉，借羡慕牵牛织女，抒发心中的悲苦，耐人寻味。正如学者周建国所说：“此诗堪称一幅生动传神的宫怨人物画，其用映衬的写法来表情达意，极富象外之致。”

虽然诗中没有一句抒情的话，但宫女那种哀怨与期望相交织的复杂感情，见于言外，从另一个侧面反映了封建时代妇女的悲惨命运。

（王想龙）

思考题

1. 这首诗写的是失意宫女的生活，富于画面感。结合诗歌内容，简要分析。

2. 本诗在情景关系的处理上具有“含不尽之意见于言外”之妙，简要赏析。

乐游原【在长安城南，今陕西西安东南】

李商隐

向晚【傍晚】意不适【不愉快】，驱车登古原【指乐游原，汉宣帝时所建】。

夕阳无限好，只是【只是，表轻微转折，不过。一说恰是，正好是】近黄昏。

集评

1. 宋·杨万里："此诗忧唐祚将衰也。"（《唐诗品汇》）

2. 清·姚培谦："销魂之语，不堪多诵。"（《李义山诗集笺注》）

3. 俞陛云："诗言薄暮无聊，藉登眺以舒怀抱。烟树人家，在微明夕照中，如天开图画；方吟赏不置，而无情暮景，已逐步逼人而来，一入黄昏，万象都灭，玉溪生若有深感者。"（《诗境浅说续编》）

简析

《乐游原》选自《李义山诗集》，这首五绝大约写于宣宗大中十年（856 年）。诗人在度过 9 年位卑禄微的幕僚生活后，返回长安，任盐铁推宫。此时诗人已近晚年，而且一生潦倒，怀才不遇，满心抑郁，而写下这首广为传诵的写景抒情诗。（王烈夫编著《中国古代文学名篇注解析译》第 2 册，武汉出版社，2016：375.）

乐游原，也写作"乐游苑"，在今陕西西安市大雁塔的东北方。秦汉以来，一直是著名的风景游览区。这首小诗前两句写登古原的时间、地点。诗人为了消遣情怀，在傍晚时分，乘车登上乐游原，准备做一番游览，眺望一下原上风光，希望以优美的自然景色来冲洗内心的忧郁。

后两句诗人在这里所悲哀的既有自然界的时光变化，又有国家政局的日益衰颓，更有个人年华虚度、功业无成的感慨。诗人因心情不佳，晚登古原，见夕晖灿烂，美不胜言，遂慨叹光景虽好而黄昏将至，顿起美景不常之感。也有的学者认为，“只是”应解释为“就是”“正是”。这样，最后两句的意思是：夕阳最好是黄昏。录此以备参考。（王充闾《诗性智慧》，万卷出版公司，2016：55.）

（申　龙）

思考题

1. 查一查诗人的生平，想一想为什么诗人会有“向晚意不适”的感觉？

2. 想象一下夕阳西下的场景，告诉你的小伙伴“夕阳无限好，只是近黄昏”里藏着什么样的道理？

忆江南（其一）

白居易

江南好，风景旧曾谙【从前就很熟悉】；

日出江花【江边的花】红胜火，春来江水绿如【胜过】蓝【指菘蓝、木蓝等植物，古人揉其叶取汁，以作青色染料。常用以形容水的澄澈】。

能不忆江南？

集评

明·徐士俊：“非生长江南，此景未许梦见。”（《古今词统》）

简析

以“江南好”开头，总领全词，是对江南美景脱口而出的直颂。“风景旧曾谙”意思是，江南美景虽然不在眼前，但却是极为熟悉的。这里包含着无限怀念之情。白居易早在少年时期曾因避李希烈、朱泚的藩镇之乱，随家迁居江南，十四岁时常旅居苏、杭二州，居江南达六年。登进士第后，又一度再游江南。五十一岁至五十三岁作者又赴苏、杭二州为刺史，前后留居江南有十年之久，因此“风景旧曾谙”一句是有丰厚的生活作为基础的，也是极为深情的。

作者对江南是这样熟悉，这样怀有深情，“日出江花红胜火，春来江水绿如蓝”，这是诗人追忆江南美景中印象最深的事物，也是“江南好”具体形象的描绘。这两句勾出了江南春景的特色，它为读者展开了一幅色彩绚丽的江南春景——火红的太阳从东方冉冉升起，一片朝霞倒映在江面上，上下辉映，光彩夺目；江边带着晨露的红花是那样鲜艳，这时朝阳把光辉涂在江花上，那花真是“红胜火”了。此时，你看，红日、红花互相辉映，多么艳丽！更何况还有那碧绿清澈的江水作衬托呢。诗人用这样鲜明艳丽的色彩来描绘江南春色，多么柔美、清新、迷人啊。“日出”“春来”在上下句中是互文的，上句包含着“春”，下句暗含着“日”，这样整个画面不仅美，而且由于“日出”“春来”这两个主谓词语的使用，渲染了一种蓬勃向上的气氛。

春日的蓬蓬勃勃，美景的引人入胜，使诗人不由地迸出了“能不忆江南”这一句热烈赞颂作为结语。此处是以反诘句式点出“忆江南”的主题。

（丁蕾蕾）

思考题

1. 诗中“风景旧曾谙”一句，凝结着作者丰富的情感，请结合内容加以分析。

2. 作者以“能不忆江南”收束全诗富有匠心，试对此加以赏析。

绝句二首（其二）

杜　甫

江碧鸟逾白，山青花欲燃。
今春看又过，何日是归年。

集评

1. 明·周甸：“江山花鸟，着眼易过，身在他乡，归去无期，所触皆成愁思矣。”（《杜释会通》）

2. 清·仇兆鳌：“次章言春过可忧。”“谢朓诗‘黄鸟度青枝’不如杜句‘江碧鸟逾白’尤为醒豁。”（《杜诗详注》）

简析

“碧、白、青、燃”色彩对比鲜明，相映生辉。漫江碧波，凸显出白翎的水鸟，满山青翠，亮出艳丽的红花，如燃烧一般，绮靡灿烂。以江碧衬鸟翎的白，以山青衬花朵的红，“逾”和“欲”将两种对比色的互相映发表达极为精当而轻巧。“欲”字更赋予花朵以动态，将花朵竞丽多姿的情态表现得淋漓尽致。两句诗状江、山、花、鸟四景，景象清新，色泽明艳，赏心悦目。可是，诗人旨意并不在此，后两句笔路陡转，慨而叹之。

“今春看又过，何日是归年？”山中的鲜妍带来视觉的满足，让人暂时地兴奋了一下，但快感转瞬即逝，心灵的渴盼并未满足，心底的忧伤反而被勾起，于是就越发惆怅了。岁月荏苒，漂泊无依，何日是归年？

（王琳妮）

思考题

1. 请赏析诗歌的第一、第二句。
2. 请体会诗歌后两句与前两句的关系。

山亭夏日

高　骈

绿树阴浓【指树丛的阴影很深】夏日长，

楼台倒影入池塘。

水晶帘【一作水精帘，一种质地精细而色泽莹澈的帘。比喻晶莹华美的帘子】

动微风起，

满架蔷薇一院香。

集评

1. 宋·谢枋得："此诗形容山亭夏日之光景，极其妙丽，如图画然。想山亭人物，无一点尘埃也。'水精帘'乃微风吹池水，其波纹如水精帘也。"(《注解章泉、涧泉二先生选唐诗》)

2. 清·宋宗元："盛唐格调。"(《网师园唐诗笺》)

简析

《山亭夏日》是唐末武将高骈的诗作。此诗写山亭夏日风光，"用近似绘画的手法：绿树阴浓，楼台倒影，池塘水波，满架蔷薇，构成了一幅色彩鲜丽、情调清和的图画"。(《唐诗鉴赏辞典》，上海辞书出版社，2013：1394.）同时，诗作静中有动，一阵风来水晶帘动，满院花香，让人觉得又清凉、又陶醉，传神地描绘了夏日山亭的悠闲与宁静，特别是诗文的最后一句，"满架蔷薇一院香"，"为诗中那幽微的景致，增添了艳丽的色彩，充满了醉人的芬芳，使整首诗都洋溢着夏日独有的气息"(范爱菊《唐代河北诗人——高骈与李华》，载《安徽文学》2010 年第 3 期：

233.)，表达了作者对夏日乡村风景的热爱和赞美之情。

（金　怡）

思考题

1. 这首诗写夏日风光，用近似绘画的手法，描绘了________、________、________、________等景物，构成了一幅色彩鲜丽、情调清和的图画，表现了诗人________________________的生活状态。

2. 你喜欢夏天吗？夏天有着怎样的特点呢？请以“我眼中的夏天”为题，写一篇300字的小作文。

溪上遇雨（其二）

崔道融

坐看黑云衔猛雨，喷洒前山此【作者所在之处】独晴。
忽惊云雨在头上，却是山前晚照【晚霞】明。

集评

1. 元·辛文房："工绝句，语意妙甚。……谁谓晚唐间，忽有此作，使古人复生，亦不多让，可谓出乎其类、拔乎其萃者矣。"(《唐才子传》)

2. 刘永济："深得夏雨之趣。"(《唐人绝句精华》)

简析

本诗四句集中表现了"夏雨之趣"：雨势很急，但阴晴不定。诗歌篇幅虽短，但尺水兴波，在用词和谋篇上颇见功力。首句的"衔"字充分表现了黑云厚积，为雨势铺垫；第二句的"喷洒"直接描述下雨的情态，呼应了上句的"猛"字。除了正面描写，"诗人还通过'遇雨'者表情的变化，先是'坐看'，继而'忽惊'，侧面烘托出夏雨的瞬息变化难以预料"(《唐诗鉴赏辞典》，上海辞书出版社，1983：1322.)。正面与侧面相结合，使得诗人写雨的层次更丰富更立体。为了写出夏雨的雨脚多变，诗人还采用了移步换景的手法，从"前山"写到"溪上"，具有空间的纵深感。纯写景诗并不多见，这首诗描绘的虽是日常生活场景，却能定格瞬间，很有意趣，足见作者观察细致，表达灵活，富有诗情。

（张慧腾）

思考题

1. 诗中表现雨的动词运用颇为精妙，试举一例分析。
2. 本诗尺水兴波，值得玩味，请加以赏析。

乡村四月

翁卷

绿遍山原白满川，子规【即杜鹃鸟，又名布谷鸟】声里雨如烟。
乡村四月闲人少，才了【结束】蚕桑又插田。

集评

1. 宋·严羽："近世赵紫芝翁灵舒辈，独喜贾岛、姚合之诗，稍稍复就清苦之风。"(《沧浪诗话》)

2. 宋·叶适："若灵舒，则自吐性情，靡无所傍，伸纸疾书，意尽而止。"(《〈西岩集〉序》)

3. 清·纪昀："其诗较二徐稍秀润。"(《四库全书简明目录》)

简析

翁卷有"乡村诗人"的美称，此诗可窥一斑。本诗语言秀润，勾画了一幅色彩明丽的江南初夏乡村图：丰草绿树，禾苗青青，再加上纵横在田野间的河渠，水光映天，一"绿"一"白"，一"遍"一"满"，从视觉上顿觉明媚动人，再加上催耕的布谷鸟声，暗示即将迎来繁忙的农事，更是动静相宜，声色相得。而农人的繁忙则以一个"才"和一个"又"两个极富表现力的副词来传达，可谓匠心独具，萧练武于《中国语文》中评此句："不言'忙'而'忙'意自见。"最妙的是，诗人不说"农人忙"，而是说"闲人少"，忙碌中又给人以闲适从容之感，字里行间可感作者对乡村生活的喜爱。

本诗"把自然风光和社会生活沟通起来，至此境界大开，给全诗带来了浓郁的田家风韵和炽热的生活气息”（唐嗣德《修辞学习》，1997年第6期：39.），不负其“乡村诗人”的美称。

（倪俊娟）

思考题

1. 整首诗前两句写景，后两句叙事，前后照应，如第四句中的“蚕桑”照应前面的“________”，“插田”照应前面的“________”，一个“才”和一个“又”两个虚词又极富表现力，勾画出乡村四月________的气氛。

2. 活动：做个小侦探

本诗勾画了一幅色彩明丽的江南初夏乡村图，除了诗题及文中的农历“四月”提示我们时间是“初夏”，你还能找到哪些线索证明这是初夏？

竹枝词（其一）

刘禹锡

杨柳青青江水平，闻郎江上踏歌声【一作“唱歌声”】。
东边日出西边雨，道是无晴却有晴【一作“还有晴”】。

集评

1. 宋·胡仔：“予尝舟行苕溪，夜闻舟人唱吴歌，歌中有此后两句，余皆杂以俚语，岂非梦得之歌，自巴渝流传至此乎？”（《诗林广记》）

2. 明·谢榛：“‘东边日出西边雨，道是无情还有情。’措词流丽，酷似六朝。”（《四溟诗话》）

3. 清·黄生：“此以‘晴’字双关‘情’字，其源出于《子夜》《读曲》。”（《唐诗摘抄》）

简析

《竹枝词》是古代巴蜀间的一种民歌，刘禹锡任夔州刺史时，非常喜爱这种民歌，采用了当地民歌的曲谱，制成新的《竹枝词》，分两组，描写当地山水风俗和男女爱情，富于生活气息。“利用同音假借字作文学的隐语，是民歌的一个传统特征。”（施蛰存《唐诗百话》，上海古籍出版社，1987：426.）

“东边日出西边雨，道是无晴却有晴”，“东边日出”是“有晴”，“西边雨”是“无晴”。“晴”和“情”谐音，表面是言天气“有晴”“无晴”，实际上却道的是人“有情”还是“无情”，写出唱歌的少女不知所爱之人他对自己到底有无爱情，一个“却”字又点出“有情”，读者可以感受到少女内心的喜悦。刘禹锡在《读曲歌》中也运用此法：“奈何许！石阙生口中，衔碑不得语。”“石阙”就是碑，“衔碑”是“含悲”的谐声，这首歌就是一个不幸女子的叹词。这种谐声法对民歌影响较大。

（柳苏琴）

思考题

1. 诗歌抒情主人公是一位情窦初开的少女，请你猜猜她当时的心情？

2.“道是无晴却有晴”的“晴”字意蕴丰富，请分析它的双重含义。

渔歌子（其一）

张志和

西塞山前白鹭飞，桃花流水【桃花盛开的季节正是春水盛涨的时候，俗称桃花汛或桃花水】鳜鱼肥。

青箬笠【竹叶编的笠帽】，绿蓑衣，斜风细雨不须归。

集评

1. 清·刘熙载："张志和《渔歌子》'西塞山前白鹭飞'一阕，风流千古。东坡尝以其成句用入《鹧鸪天》，又用于《浣溪沙》，然其所足成之句，犹未若原词之妙通造化也。"(《艺概》)

2. 清·黄苏："黄山谷曰：有远韵。按数句只写渔家之自乐，其乐无风波之患。对面已有不能自由者，已隐跃言外，蕴含不露，笔墨入化，超然尘埃之外。"(《蓼园词评》)

3. 俞陛云："自来高洁之士，每托志渔翁，访尚父于磻溪，讽灵均于湘浦，沿及后贤，见于载籍者夥矣。而轩冕之士，能身在江湖者，实无几人。志和固手把钓竿者，而词言'西塞''巴陵''松江''雷溪''钓台'，地兼楚越，非一舟能达，则此词亦托想之语，初非躬历。然观其每首结句，君子固穷，达人知命，襟怀之超逸可知。'桃花流水'句，尤世所传诵。"(《唐五代两宋词选释》)

简析

《渔歌子》亦称《渔父》《渔父歌》《渔父乐》《渔夫辞》。张志和《渔歌子》在文学形式方面，采用了三言七言混合的长短句法，谓之"七言绝句体”。“唐五代《渔歌子》的曲与词基本变化不大，张志和的七言绝句体是其中主流，直到宋初，词人仍然遵循张志和式的格式和句法来创作。”（董希平《唐五代北宋前期词之研究——以诗词互动为中心》，昆仑出版社，2006：62.）

这首词将山光水色描绘得很鲜明，渔翁的形象和景色搭配的很好，是一幅用诗写的山水画。“开首两句写景，很能显出春天的生气盎然，万物悠然自得的情状，与下面几句所写的渔夫悠闲自在的生活结合成和谐的画面，使人领略到一种自然而然宁静的美。”（章培恒、骆玉明《中国文学史新著（中卷）》，复旦大学出版社，2017：160.）。

整篇词作通过对自然风光和渔人垂钓的赞美，表现了作者向往自由生活的心情。

（金　怡）

思考题

1. 结合张志和的生平，思考“斜风细雨不须归”一句中，作者不愿意回到哪里去？

2. 想象作者在诗歌中描写的情景，试一试将它画出来。

赠汪伦

李　白

李白乘舟将欲行【一作“欲远行”】，

忽闻岸上踏歌声【民间的一种歌唱形式，一边唱歌，一边用脚踏地打拍子，可以边走边唱】。

桃花潭水深千尺，

不及【不如】汪伦送我情。

集评

1. 清·沈德潜：“若说汪伦之情比于潭水千尺，便是凡语，妙境只在一转换间。”(《唐诗别裁集》)

2. 清·黄叔灿：“相别之地，相别之情，读之觉娓娓兼至，而语出天成，不假炉炼，非太白仙才不能。‘将’字、‘忽’字，有神有致。”(《唐诗笺注》)

3. 赵昌平：“本诗之佳不仅修辞入妙，更在整体空灵，其关键在‘忽闻岸上踏歌声’句。汪伦其人在字面上未见其形，只以‘踏歌声’空中传响，使读者闻其声而似见其形。”(《李白诗文选评》)

简析

据宋蜀本《李白集》记载，这首诗下面还有这样一段注解：“白游泾县桃花潭，村人汪伦常酝美酒以待白，伦之裔孙至今宝其诗。”这首诗是当时李白在泾县的桃花潭游玩时所作，当时村人汪伦酿造美酒款待李白，两人交情甚笃。

这首诗歌的前两句写送别场面。首句诗人自报姓名，用自述的方式勾画了一幅即将远行的送别图。“乘舟”点明是走水路，“将欲行”表明是待发之状。次句不从正面叙写主人殷勤送行之情，只写“岸上踏歌声”，这歌声里满是送行者的一番真情实意。（赵昌平《李白诗文选评》，上海古籍出版社，2012：199.）而这“声”前又加上“忽”字，似出被送者意料之外。“忽”字加深了将行客的意外惊喜之情。此句先传踏歌之声，既置悬念，又渲染出浓厚的欢送气氛。后两句抒情。先放开一笔，以即景桃花潭入诗，似顺手拈来，天然巧妙。然后以逆挽之法，将潭水之深衬托汪伦情谊之深，赋予情谊以具体鲜明的生动形象，而“不及”两字使情谊意境更深一层。末句点出汪伦之名，既释悬念，又呼应首句李白之名，以突出两人感情之真挚。

这首诗，通过写送行，赞美了汪伦的真挚深厚的友谊。“诗中用人名，作者自说李白，呼友人亦直呼汪伦，不用尊称，不称排行，不使典故，反而感到亲切，别有情趣”（毛水清《李白诗歌赏析》，广西人民出版社，1986：131.）。诗人以情深为中心，贯串全诗，既写汪伦送客情深，也写诗人感动之深。所写虽是选取送别的情景，但是可以推想到送别前的友情，给人留下了想象的天地。诗句优美，用语自然，抒情真挚。

（杨俊杰）

思考题

1. 朗读《赠汪伦》，并标注出朗读停顿。

2.“桃花潭水深千尺，不及汪伦送我情”一句用了什么修辞手法？表现了作者和友人间怎样的一种情感？

舟过安仁

杨万里

一叶渔船两小童，收篙停棹坐船中。
怪生无雨都张伞，不是遮头是使风。

简析

这首诗描摹的是诗人乘船路过安仁所见到的画面：在一艘小渔船上，两个小孩收起了竹篙，停下了船桨，撑着伞坐在那里。诗人不由得对两个小孩的举动感到奇怪，后来仔细一想，怪不得没下雨他们也撑着伞呢，原来不是为了遮雨，而是在利用风让船前进啊！

诗人运用白描的写法，以几近白话的语言刻画了两个小孩天真、聪明、顽皮的行为以及行为中表现出来的孩子特有的奇思妙想，充满生活的趣味。

“杨万里写田园诗，非常善于利用儿童稚态，起到点化诗境的效果。《舟过安仁》中诗人直接把目光聚焦到儿童身上，全诗都是写儿童的稚气行为。对儿童的喜爱之情溢于言表，对两个小童子玩耍中透出的聪明伶俐赞赏有加。当然，从中也可以看出诗人的童心未泯。‘怪生’意为‘怪不得’，绘出令人浮想联翩的充满生活情趣的‘江上行舟图’。诗人遣词的巧妙便妙含其中了。”（李文菊编著《小学古诗词鉴赏全典》，崇文书局，2010：200.）

（韩立春）

思考题

1. 诗中“______________”这一动作充分体现出小童的可爱与稚气。

2. 诗人刻画了怎样的小童形象？

牧　童

吕　岩

草铺横野六七里，笛弄晚风三四声。
归来饱饭黄昏后，不脱蓑衣卧月明。

简析

本诗题为《牧童》，首句却不从牧童写起，而是先给读者展现了典型的牧童生活场景，即一望无垠的草场。第二句写晚风中悠扬的笛声，让读者立刻联想到牧童的形象，未见其人，先闻其声。前两句从视觉和听觉的角度展现了牧童悠闲自在的生活场景。“铺”字给人以草场平缓悦目的视觉享受，“弄”字以拟人化的手法写出了笛声在晚风中断断续续、随风飘逸的听觉效果。同时，笛声还衬出了傍晚乡村生活的宁静平和。

后两句写黄昏牧童放牧归来吃饱饭后，连蓑衣也不脱就随地躺下，看着天上的新月，完全是一幅无拘无束的状态，展现了牧童随性自由的生活。整首诗“描绘了原野的宽阔和乡村傍晚的寂静，以及无牵无挂、自由自在的牧童形象。表达了作者对远离喧嚣、安然自乐的生活状态的一种向往”(徐林旗主编《中华古诗词精选》，中国纺织出版社，2014：83.)。

（韩立春）

思考题

1. 简要分析本诗塑造的牧童形象。
2. 简要分析作者在诗中表达的情感。

菩萨蛮·书江西造口【镇名，即皂口（今江西万安县西南）】壁

辛弃疾

郁孤台【位于今江西赣州西北方向】下清江【赣江与袁江合流处】水，中间多少行人【指受金兵侵扰流离失所之人】泪？西北望长安【今陕西西安，借指北宋都城汴京（今河南开封）】，可怜无数山。

青山遮不住，毕竟东流去。江晚正愁余【我，指此人自己】，山深闻鹧鸪【鸟名，啼声凄苦。】。

集评

1. 明·沈际飞："无数山水，无数悲愤郁伊。文公云：若朝廷赏罚明，此等人皆可用。"（《草堂诗余正集》）

2. 明·卓人月："忠愤之气，拂拂指端。"（《词统》）

3. 清·陈廷焯："血泪淋漓，古今让其独步。结二语号呼痛哭，音节之悲，至今犹隐隐在耳。"（《云韶集》）

简析

造口、郁孤台、清江，皆位于江西赣江流域，辛弃疾于淳熙二、三年（1175—1176）在此任江西提刑，官署在赣州，这首词当作于这一二年间。（夏承焘《唐宋词欣赏》，浙江古籍出版社，2012：135.）

上阕"郁孤台下清江水"起笔横绝。由于汉字形、声、义具体可感之特质，郁孤台三字劈面便呈显出一座郁然孤峙之高台，气势磅礴。进

而写出台下之清江水。“行人泪”直点造口当年事，词人身临隆祐太后被追之地，感国破之痛，愤金兵之猖狂，羞国耻之未雪，满腔悲愤写出这苍凉之句。“西北望长安，可怜无数山。”长安指汴京，西北望犹言东北望，遥望长安，因重重青山阻隔而不得见。

下阕“青山遮不住，毕竟东流去。”实写眼前之景，“遮不住”三个字深沉有力，似乎能推开上阕的重重遮挡。鹧鸪声声似乎在呼唤词人南归，有似乎是在倾诉壮志难酬的愤慨。

此首《书江西造口壁》，不假雕绘，自抒悲愤。小词而苍莽悲壮如此，诚不多见。盖以真情郁勃，而又有气魄足以畅发其情。起从近处写水，次从远处写山。下片，将山水打成一片，慨叹不尽。末以愁闻鹧鸪作结，尤觉无限悲愤。（唐圭璋《唐宋词简释》，上海古籍出版社，1981：178.）

（申　龙）

思考题

1. 学习了《菩萨蛮·书江西造口壁》，你觉得词中的“水”和“山”是不是只是自然景物？

2. 小明读到“江晚正愁余，深山闻鹧鸪”时很不理解，到底抒发的是一种什么样的情感呢？请你来帮帮他。

冬夜读书示【教导】子聿【子聿（yù），陆游幼子】（其三）

陆　游

古人学问无遗【保留】力，少壮工夫老始成。
纸上得来终觉浅【浅薄】，绝【彻底】知此事要躬【亲自】行。

简析

诗的前两句，作者讲古人做学问总是竭尽全力。只有少年时加倍努力，将来才能成就一番事业。他从古人做学问入手，侃侃而谈，娓娓道来，使人倍感亲切清新，如沐春风。“无遗力”三个字，形容古人做学问勤奋用功、孜孜不倦的程度，既生动又形象。第二句阐述了做学问应当持之以恒的道理，同时也强调“少壮工夫”的重要性。他语重心长地告诫儿子，趁着年少精力旺盛，抓住美好时光奋力拼搏，莫让青春年华付诸东流。

诗的后两句，作者谈从书本得来的知识比较浅薄，只有经过亲身实践，才能变成自己的东西。他从书本知识和社会实践的关系着笔，强调实践的重要性，凸显其不凡的真知灼见。作者的意图非常明显，旨在激励儿子不要片面满足于书本知识，而应在实践中夯实和进一步获得升华。他的独到见解，不仅在古代对做学问、求知识之人是宝贵的经验之谈，而且在今天也仍然具有较强的现实意义。

这是一首哲理诗，写法是后人对宋诗诟病的“以议论为诗”，但诗人厚积薄发，举重若轻，侃侃而谈，娓娓道来，读之没有枯燥说教之感，朗朗上口，且意境深远，余味无穷。(《通赏中国古诗》，长春出版社，2014：108.)

（申　龙）

思考题

1. 小明读了《冬夜读书示子聿（其三）》，学习态度有了很大改变，你觉得他懂得了什么样的道理？

2. 小明还从《冬夜读书示子聿（其三）》中领悟到了非常有用的学习方法，那是什么？

早　梅

张　谓

一树寒梅白玉条，迥【远】临村路傍【靠近】溪桥。
不知近水花先发【开放】，疑是经冬雪未销【通“消”，融化】。

集评

1. 元·辛文房：“（谓）工诗，格度严密，语致精深，多击节之意。”（《唐才子传》）

2. 明·钟惺：“初盛唐以庄严雄浑为长，至其痴重处，亦不得强为之佳，耳食之夫，一概追逐，滔滔可笑。张谓变而流丽清老，可谓善自出脱。”（《唐诗归》）

3. 明·钟惺：“到作迟想，妙！妙”!（《唐诗归》）

简析

诗的首句点明了梅花的洁白如玉，第二句指出了梅花的生长环境——傍水凌寒独开。第三句说明了梅之所以早发，是因为“近水”，末句与首句相应，将早梅疑做经冬未消的白雪，“不知”“疑是”，营造了一种迷离恍惚的境界，最终诗人才发觉这是一树近水先发的早梅。诗人独具慧眼，不仅发现了这树早梅，而且曲笔写出了梅之品性，语言平如白话，却丝毫没有削弱诗的美感，写得清新别致。

张谓的诗歌在盛唐雄浑豪迈的诗风之下，独树一帜，以审美追求为理想，以明朗练达的风格为根本，有着鲜明的艺术个性。

（许正芳）

思考题

1. 这首诗描绘了早梅的什么特点？

2. 诗歌中“雪”与梅有什么相似之处？

夜　泉

袁中道

山白鸟忽鸣，石冷霜欲结。
流泉得月光，化为一溪雪。

集评

明·袁宏道："大概情至之语，自能感人，是谓真诗可传也。""其间有佳处，亦有疵处，佳处自不必言，即疵处亦多本色独造语。然予则极喜其疵处。"(《叙小修诗》)

简析

此诗作于明万历三十年（1602 年）冬。当时作者连年科场失意，又痛失长兄袁宗道。一次到玉泉山中暂游，希望借泉声月色天籁的妙境，消解心中的烦忧苦闷。诗作描绘了山间夜晚的山泉美景，表现了山的寂静和生机。整首诗用以动衬静的方式来写。这幅幽静的山泉夜景，在诗人笔下充满了活力，一石一水，生气勃勃，情趣盎然。诗题为《夜泉》，主要写的却是对月色中的山水景物的感觉。它描绘了山、鸟、石、霜、泉、月、溪七种事物。诗人以白色为底色，把其中六种事物置于朦胧的月光中，不着浓艳的色彩，以淡雅素洁的冷色调铺陈画面，着意表现夜月流泉的神韵美。选境清幽，气氛爽肃，格调俊逸，文笔清丽，给人以闲静淡远恬适之感，仔细品来，韵味弥长，沁人心脾。从中不难体会出诗人也并非超然物外，他忘情地欣赏着，陶然地消受着。寂山、月华、冷石、流泉、溪雪，无处不搏动着诗人的心跳，无处不回荡着诗人的心声。(《律诗绝句精品鉴赏》，新疆人民出版社，2004：452.）他把主观的情思化入客观景物中，使雅淡清秀的景物，空灵闲寂的情怀，情景叠合，物我两融。冲和淡泊之风，习习而至。(张洁凯，全凤荣《四季咏物诗赏析》，花山文艺出版社，1992：213-215.）有论者评论云：“如《夜泉》诗：‘山白鸟忽鸣，石冷霜欲结。流泉得月光，化为一溪雪。’意境幽静，颇有王维辋川诗景致，山鸟霜石、流泉、月色，这如幻如梦的山中，流泉化为一溪洁白的溪流，意趣生动灵透，随物赋形，构思新颖，体现了清新潇洒的独特风格。”(周伟民《明清诗歌史论》，吉林教育出版社，1995：285.）

（缪黎明）

思考题

1. 首句“山白鸟忽鸣”如何体现了“静中有动，动中有静，寂处有音，冷处有神”特点？

2. 诗作描绘的山、鸟、石、霜、泉、月、溪七种事物如何体现了冲和淡泊之风？

赠外孙

王安石

南山新长凤凰雏，眉目分明画不如。
年小从他爱梨栗，长成须读五车书。

集评

1. 宋·黄庭坚："荆公暮年作小诗，雅丽精绝，脱去流俗。"(《苕溪渔隐丛话》)

2. 宋·叶梦得："王判公晚年诗律尤精选语用字，间不容发。"(《石林诗话》)

简析

这是王安石题赠外孙的七言绝句。诗歌充分抒发了作者对外孙的喜爱之情，揭示了培育后代，使之健康成长的方法，强调了博览群书对于成长的重要性。诗前两句，用南山的小凤凰比喻外孙的可爱，用画上的人来衬托外孙的好看，描绘出小外孙天真活泼的形象，表现出诗人对外孙的无限爱怜。后两句，小外孙伸手向他要东西吃，外祖父从不拒绝，因为诗人知道，"贪吃"这是幼儿的天性。由此，诗人联想到外孙将来的发展前途。小时候可以任他无忧无虑地玩耍要吃的，等到他该读书的时候，就要督促他好好读书，以便使之成为有学问的人。"描写细致，修辞巧妙，韵味深永。如果说王安石早期的诗风显示了直截刻露的宋诗特征，那么其晚期诗则以丰神远韵的风格体现出向唐诗的复归。所以王诗在当时诗坛上自成一家，其艺术成就也足以列于宋诗大家的行列。"

（袁行霈《中国文学史（第三卷）》，高等教育出版社，2018：51.）

（缪黎明）

思考题

1. 王安石有一个外孙叫吴侔。这个孩子长得聪明伶俐，眉清目秀，十分可爱，他就写下了《赠外孙》，其主题思想是什么呢？

2.“五车书”出自何部典籍？有何用意？

牧童词

李 涉

朝牧牛，牧牛下江曲【江水曲折处】。
夜牧牛，牧牛度村谷。
荷蓑【披着蓑衣】出林春雨细，芦管卧吹莎草绿。
乱插蓬蒿箭满腰，不怕猛虎欺黄犊。

集评

1. 元·辛文房：“涉工为诗，词意卓荦，不群世俗。长篇叙事，如行云流水，无可牵制，才名一时钦动。”（《唐才子传校注》）

2. 明·顾璘：“此篇虽晚唐语，却有可观。”（《批点唐音》）

3. 清·吴瑞荣：“末三语描画儿戏行状，浮动如生。”（《唐诗笺要》）

简析

李涉的这首小诗是在模仿民歌的基础上创作而成。诗人用生动的笔触，简洁传神的白描手法，勾勒了一幅“山中牧童图”，全诗洋溢着浓郁的生活气息。

开头写牧童日夜放牛的辛劳。诗中写到牧童早晨“牧牛去”，夜晚“牧牛归”。“牧牛”二字反复出现，造成了一种歌谣的节奏和韵味。接着“诗人选取‘荷蓑出林’‘芦管卧吹’‘乱插蓬蒿箭满腰’几个形象生动的细节，塑造了一个早出晚归、朝气蓬勃、勇敢机智的牧童形象。语言清新自然，独具韵味”（谷向阳主编《中华古诗文规范读本》小学三分册，时代文艺出版社，2001：57.）。春雨如丝，牧童披上了蓑衣，一个“细”

字刻画出春雨的特征。“卧吹”二字，使人分明想见到仰卧在莎草中牧童天真、快乐的模样。悠扬的笛声，又使人感受到山谷中的清幽宁静。“莎草绿”照应“春雨细”，使人感到山村中的一切都是那样和谐恬淡、清新自然。最后二句，是牧童正面形象的特写。为了防止“猛虎欺黄犊”，牧童胡乱插一些蓬蒿在腰间当剑，吓唬野兽、给自己壮胆。天真的举动令人为之一笑。

“这歌词作为一首诗来看，又是十分凝练和含蓄的。饶有情趣而又充满艰辛的放牧生活，牧童与大自然的亲密和谐的关系，都不明说，而是从诗的意境中自然流露出来。”（李健、康金声《田园诗注析》，山西教育出版社，2004：152.）这也体现了作者对民歌自然质朴的特点的学习和继承。

（竺海燕）

思考题

1. 请把这首诗改写成一则短文。（提示：要求写清时间、地点、人物和事件）

2. 说说诗歌中的牧童是怎样一个形象？

嫦娥【原作"姮娥"，神话中的月亮女神，传说是夏代东夷首领后羿的妻子】

李商隐

云母屏风烛影深【暗淡】，长河【银河】渐落晓星沉。

嫦娥应悔偷灵药【指长生不死药。《淮南子·览冥训》载，后羿在西王母处求得不死的灵药，嫦娥偷服后奔入月宫中】，碧海青天夜夜心。

集评

1. 宋·吕本中："杨道孚深爱义山'嫦娥应悔偷灵药，碧海青天夜夜心'，以为作诗当如此学。"（《紫薇诗话》）

2. 明·凌云："此诗翻空断意，从杜诗'斟酌嫦娥寡，天寒奈九秋'变化出来。"（《唐诗绝句类选》）

3. 明·钟惺："语想俱刻，此三字（按指"夜夜心"）却下得深浑。"（《唐诗归》）

4. 清·黄叔灿："此诗似有所为，而借嫦娥以托意。上二句赋其长夜阒寂，借后羿之妃奔入月宫而言，亦翻案语。义山最喜作此等诗，如'金徽却是无情物，不许文君忆故夫''莫讶韩凭为蛱蝶，等闲飞上别枝花''八骏日行三万里，穆王何事不重来'，皆是有意出奇也。"（《唐诗笺注》）

简析

这首诗语言含蓄，情调感伤。前两句描绘主人公所处的环境和永夜不寐的情景。写室内，烛光黯淡，屏风暗影，空寂清冷；写室外，银河西垂，晨星寥落，着一"渐"字，暗示了时间的推移流逝，也点明主人公又度过了一个不眠之夜。举头望明月，不禁推想，这孤居广寒宫殿的嫦娥，想必也懊悔当初偷吃灵药，以致年年夜夜，幽情难遣吧。俞陛云在《诗境浅说续编》中说："嫦娥偷药，本属寓言。更悬揣其有悔心，且万古悠悠，此心不变，更属幽玄之思。"而刘学楷在《唐诗鉴赏辞典》中则认为说："'应悔'是揣度之词，这揣度正表现出一种同病相怜、同心相应的感情。因此，后两句与其说是对嫦娥处境心情的深情体贴，不如说是主人公寂寞的心灵独白。"诗在可解不可解之间，恰是后人读李义山诗的妙趣所在。

（高聃骅）

思考题

1.“云母屏风烛影深”一句中，“深”的意思是________________。

2. 有个神话传说与这首诗歌内容有关，它是________________。

（张华中）

画眉鸟

欧阳修

百啭千声【形容画眉叫声婉转，富于变化。啭，鸟婉转地啼叫】随意【随着自己（鸟）的心意】移，

山花红紫树高低【树林中的高处和低处】。

始知【才知道】锁向金笼【贵重的鸟笼，喻指不愁吃喝、生活条件优越的居所】听，

不及林间自在啼。

集评

清·王文濡：“圈养虽优，究不如林间之自在，此诗盖别有寄托。”（《历代诗评注读本·宋元明诗评注》）

简析

这首诗前两句写景：画眉鸟在嫣红姹紫的山花中千啼百啭；后两句抒情：那些被关在笼里的鸟儿的鸣叫声，怎能与林间自由自在的音韵流转相比呢？诗歌托物言志，前后对比，表达的是诗人归隐山林、不受羁绊的心曲。黄进德在《欧阳修诗词文选评》中说：“前后对比鲜明，情、景、理三者的水乳交融，既富于艺术感染力，又能在思想上给人以有益的启迪。”

（高翀骅）

思考题

1. 诗歌前两句分别写了画眉鸟______________和______________。

2. 最后一句中________一词最能点明林中鸟“百啭千声”的原因。

望驿台【在今四川广元。驿，旧时供传递公文的人中途休息、换马的地方】

白居易

靖安宅里当窗柳，望驿台前扑地【遍地】花。

两处春光同日尽，居人思客客思家【居人，此处指元稹妻子。客，出门在外的人，此处指元稹】。

集评

唐·白居易：“十二篇皆因新境追忆旧事，不能一一曲叙，但随而和之，唯予与元知之耳。”（《白居易集》）

简析

本诗是对元稹《望驿台》的唱和。元诗写道：“可怜三月三旬足，怅望江边望驿台。料得孟光今日语，不曾春尽不归来。”元稹思念妻子，尾句揣度妻子等待自己归来却久等不回的怅惘。

而本诗围绕“思”字，缓慢有序地展开。前两句借景来委婉表达思念之情，柳树青青，满地繁花，既有着青春勃发的生机活力，也暗含着美好春光易逝，此时此景，更易牵动对妻子的思念。“三句推进一层，写出了三月三十日这个特定时日由希望转入失望的刻骨相思，颇富含蓄之妙。四句更推进一层，含蓄变成了爆发，直点‘思’字，而且迭用两个‘思’字，将前三句都绾合起来，点明诗旨，收束得很有力量。”（《唐诗鉴赏辞典》，上海辞书出版社，2004：891.）

白居易的诗歌语言通常是浅易的。对此郑振铎曾把他和韩愈作过一番比较。“韩愈派的诗是有刺的；白居易派的诗却是圆滚的如小皮球似的，周转溜走，无不如意。韩愈派的诗是刺目涩口的；白居易派的诗，却是爽心悦耳的，连孩子们念来，也会朗朗上口。”（《中国文学史》，新世界出版社，2012：300.）这首诗语言虽然浅显明了，但却富有味道，耐人咀嚼。

（张华中）

思考题

1. 这首诗的作者是白居易，号________居士。

2. 下列对这首诗内容的理解，不正确的一项是（　　）。

A. 这首诗歌描绘的是初春时节情景。

B. 这首诗歌是作者写给好友元稹的。

C. 这首诗歌紧扣住“思”字展开。

D. 这首诗表达元稹对妻子的思念。

题弟侄堂书

杜荀鹤

何事居穷道不穷，乱时还与静时同。
家山虽在干戈地，弟侄常修礼乐风。
窗竹影摇书案上，野泉声入砚池中。
少年辛苦终身事，莫向光阴惰寸功。

集评

1.《旧五代史》：“(杜荀鹤)善为诗，辞句切理，为时所需。”

2. 清·丁仪：“诗思清奇，以大历为归。七言气质尤高，为晚唐之上上乘。”(《诗学渊源》)

3. 清·余成教：“晚唐诗人有佳句而多俗语者，杜彦之荀鹤是也。”(《石园诗话》)

4. 清·胡寿芝：“杜荀鹤近体直摅胸臆，有一唱三叹之妙。”(《东目馆诗见》)

简析

首联从一般意义上阐明，无论太平之时，或是战乱之中，即使身陷困窘之境，读书人都应保持勤奋进取，一心向道。颔联结合当时家乡经历战乱动荡，而侄子却能研修儒家经典，传布礼乐之风，是对侄子的认同和赞许。颈联从视觉和听觉两个方面描绘书堂周围景致，宁静祥和，清新优雅，不乏野趣。当然，在动乱时局中，要领会到这种景致的美妙，需要一颗强大心脏和坚定毅力。尾联点题，语言素朴，情感真挚，道理也真切，既是对侄子的勉励，联系诗人生平，也是他的真实写照。“少年辛苦终身事，莫向光阴惰寸功”，也成了激励人们珍惜光阴、勤奋进取的警句。

就语言风格来说，“杜荀鹤的诗绝不像贾岛那么紧缩瘦硬，而是写得流丽晓畅，倒仿佛把白居易的语言风格和姚、贾一流的语言风格‘嫁接’到一块儿去了似的”（葛兆光《唐诗选注》，中华书局，2018：334.）。

（张华中）

思考题

1. 从体裁看，这首诗歌属于________。

2. ________________，________________，这两句表达作者勉励侄儿应发愤努力。

秋 思

张 籍

洛阳城里见秋风，
欲作家书意万重。
复恐匆匆说不尽，
行人临发【出发】又开封【拆开信封】。

集评

1. 宋·王安石："看似寻常最奇崛，成如容易却艰辛。"（《题张司业诗》）

2. 清·沈德潜："亦复人人胸臆语，与'马上相逢无纸笔'一首同妙。"（《唐诗别裁集》）

3. 俞陛云："已作家书，而长言不尽，临发重开，极言其怀乡之切。"（《诗境浅说》）

简析

"这首诗首句点明地点和时间，以下三句纯属心理描写，一气贯下，明白如话，极朴素，极真实。"（沈祖棻《唐人七绝诗浅释》，上海古籍出版社，1981：159.）

章培恒认为"（张籍的小诗）于精炼处见宏阔，平常处显隽永"（《中国文学史新著》中卷，复旦大学出版社，2011：89-90.）。确实如此。游子漂流在外，逢秋之际，思乡之情自然更加强烈。寄托情感，表达牵挂，写家书无疑是较为常见的方式。然而纸短意长，本以为话已说完，封住信件，将要寄出，可转瞬又有新的念想，新的叮嘱，于是再次拆封，提起笔来。这一生活细节，日常中屡见不鲜，然而作者却用极为经济的笔墨，把它聚焦定格下来，于平常处，于精简处，见出寄信者情感兴起的波澜，体察其内心的复杂和丰富。

“看似寻常最奇崛，成如容易却艰辛”，王安石如此评价张籍诗歌。从选材的角度来看，《秋思》叙写了人们较为熟悉的生活片段，很多人可能都有类似的生活体验，这些“看似寻常”，“成如容易”。在短短二十八个字里，作者“见秋风”而思家，由思家写信而“意万重”，不知从何说起，信已写毕，将要寄出，又恐有话还没提及，或还没说够，只得再次拆封提笔。诗歌表达由情感牵引，似乎一路之下，顺畅通达，极为简单容易。然而，“见秋风”而思家的典故运用，详绘写家书前后情感的纠结，而不写作家书的具体经过，以及后三句纯以描绘寄信者心理为要，这一切又都通过简朴如话的语言表达而成，如果没有深厚的艺术造诣，没有定稿之前的苦心经营，是不可能实现“最奇崛”的艺术效果的。

（张华中）

思考题

1. 章培恒认为“（张籍的小诗）于精炼处见宏阔，平常处显隽永”，请联系《秋思》予以分析。

2. “看似寻常最奇崛，成如容易却艰辛”，这是王安石对张籍诗歌特点的评价，请结合《秋思》，谈谈你对这种评价的认识。

劝 学

颜真卿

三更灯火五更鸡【天快亮时，鸡啼鸣】，正是男儿读书时。
黑发不知勤学早，白首方悔读书迟。

简析

颜真卿 3 岁丧父，家道中落，母亲殷氏对其寄予厚望，家教甚严。颜真卿也格外刻苦好学，这首诗正是他勉励后人勤奋苦读之作。

标题中，“劝”字统领全篇。“前两句‘三更灯火五更鸡，正是男儿读书时’以通俗顺口、音节响亮的语言直接点明男儿读书应至夜阑更深，趁天色微明。如此不分昼夜地苦读方才不辜负这大好光阴。后二句‘黑发不知勤学早，白首方悔读书迟’运用借代手法，对仗工整，突出学习要趁早，不要等到老才后悔莫及。”“这两句警语，深刻的道理蕴含于形象生动的描述中，言尽意无穷，令人深思。‘黑发’与‘白发’两相对照，形象鲜明，揭示出年少时勤学之可贵，富于哲理性。”（李汉雄《殷殷劝勉，谆谆教诲——颜真卿〈劝学〉诗赏读》，载《语文天地》，2000 年第 4 期 .）

全诗用语精炼，深入浅出，朗朗上口，富于节奏感。于自然质朴之中见出殷殷劝勉之心，谆谆教导之意，在历代劝学诗中别具一格。

（竺海燕）

思考题

1. 诗题中的“劝”字是如何统领全篇的？

2. 诗歌后二句与“少壮不努力，老大徒伤悲”在表达效果上有何不同？

水口行舟二首

朱　熹

昨夜扁舟【小船】雨一蓑【穿着蓑衣站在雨中】，满江风浪夜如何？
今朝试卷【juǎn，翻开】孤篷看，依旧青山绿树多。

郁郁层峦夹岸青，春山绿水去无声。
烟波一棹【划船的桨】知何许？鶗鴂【tíjué，杜鹃】两山相对鸣。

集评

1. 明·陶安："朱子道德浑成，发言为诗，卓卓超绝。遗风余响，久而弥存。"(《诗盟记》)

2. 明·王祎："建炎之余，日趋于弊，尤延之之清婉，朱元晦之冲雅……固粲然可观，抑去唐为已远。"(《练伯上诗序》)

3. 清·杭世骏："朱子超然一洗道学之障，清词丽句，矫讹翻浅。"(《郑筠谷诗钞序》)

4. 陈衍："道学先生惟朱子诗最工。"(《石遗室诗话续编》)

简析

朱熹不仅是宋代著名理学家，而且是一位创作甚丰的诗人，现存诗歌约一千二百首。在诗歌方面，朱熹的影响虽不及南宋四大家等人，但后世评论者亦代不乏人，明代王祎就用“冲雅”二字来形容朱熹诗风。

宋人作诗好言理，但朱熹的说理诗，虽写理而能摆脱义理的束缚，

“以诗人比兴手法，发圣人义理之秘”，将自然景物与义理完美融合，经常能寄情于景，寓理于趣，清巧绵密，令人喜爱。这两首小诗，写乘舟在江中航行时的所见所思，第一首直书感受，富有生活理趣；第二首着意渲染山水，寄托坦荡胸怀，都是宋人绝句的成功之作。从诗人对风雨的坦然及对青山绿树经历风雨而依旧的赞叹，我们还可以寻绎出诗人所发挥的哲理：禁得起风吹雨打的人处变不惊，禁得起考验的人精神不磨，勇气常存，就如眼前的青山绿树一样。

（刘鹏程）

思考题

说说这首诗中所蕴含的哲理。

鸟鸣涧【山间的水沟】

王　维

人闲桂花【木犀属植物中春天开花的种类】落，夜静春山空。

月出惊山鸟，时【有时、偶尔】鸣春涧中。

集评

1. 明·胡应麟："太白五言绝，自是天仙口语，右丞却入禅宗。如'人闲桂花落……'，读之身世两忘，万念皆寂，不谓声律之中，有此妙诠。"（《诗薮》）

2. 明·钟惺："此'惊'字妙。"（《唐诗归》）

3. 清·李锳："鸟鸣，动机也；涧，狭境也，而先着'夜静春山空'五字于其前，然后点出鸟鸣涧来，便觉有一种空旷寂静景象，因鸟鸣而愈显者，流露于笔墨之外。"（《诗法易简录》）

4. 俞陛云："山空月明，宿鸟误为曙光，时有鸣声，出烟树间，山居静夜，偶一闻之。右丞能在静中领会，昔人谓'鸟鸣山更幽'句，静中之动，弥见其静，此诗亦然。"（《诗境浅说》）

简析

《鸟鸣涧》是王维题友人所居的《皇甫岳云溪杂题五首》之一。五首诗每一首写一处风景，接近于风景写生，而不同于一般的写意画。（上海辞书出版社文学鉴赏辞典编纂中心《王维诗鉴赏辞典》，上海辞书出版社，2016：83.）

全诗读来意境静雅柔美，却又生机盎然。诗人用他平静闲适的内心聆听花落、鸟鸣，正是因为诗人内心清净，所以能听到桂花落下的声音；正是因为诗人对自然充满热爱，所以才能感受到月夜春山的静谧和优美。作者具有天才的艺术素养，诗、乐、画与佛理融通，又兼之其高雅的情趣，使得静到极处的自然在诗人笔下却有声有色、生机盎然。

这首诗所表现的是春山月夜特有的静谧意境和诗人面对这种境界时幽闲安恬的情趣。尽管一、二句和三、四句分别写月出前、月出后的情景，但都统一于闲、静的意境中。（刘学锴《唐诗选注评鉴》上卷，中州古籍出版社，2013：369.）

（申　龙）

思考题

1. 小明想将《鸟鸣涧》读给妈妈听，他应该用什么样的语气呢？
2. 你来想一想这首诗是怎么写出“夜静”的？

问刘十九【刘十九乃刘禹锡堂兄刘禹铜】

白居易

绿蚁【指浮在新酿的没有过滤的米酒上的绿色泡沫】新醅【酿造】酒，
红泥小火炉。
晚来天欲雪【名词作动词，下雪】，
能饮一杯无【表示疑问的语气词，相当于“么”或“吗”】？

集评

1. 清·章燮：“用土语不见俗，乃是点铁成金手段。”（《唐诗三百首注疏》）

2. 清·孙洙：“信手拈来，都成妙谛，诗家三昧，如是如是。”（《唐诗三百首》）

3. 俞陛云：“寻常之事，人人意中所有，而笔不能达者，得生花江管写之，便成绝唱，此等诗是也。”（《诗境浅说续编》）

简析

白居易的这首诗，刻画了在一个欲雪的傍晚，作者邀请朋友前来饮酒的场景。诗的首句首先将浮着“绿蚁”的佳酿呈现在我们的面前。次句写道的“红泥小火炉”，朴素而温馨，炉火正烧得通红。美酒已经很诱人了，而炉火更增添了温暖的情调。“晚来天欲雪，能饮一杯无？”一个“无”字，更让人身临其境，宛若挚友在身边轻轻耳语。诗歌最后一句留给读者无尽的想象，简单的一句问句增添了诗歌的情韵，使其具有空灵摇曳之美，余音袅袅之妙。（余恕诚《唐诗三百首导读》，中国纺织出版社，2014：174.）

诗写得很有诱惑力，对于刘十九来说，除了那泥炉、新酒和天气之外，白居易的那种深情，那种渴望把酒共饮所表现出的友谊，当是更令人神往和心醉的。（余恕诚《唐诗三百首导读》，中国纺织出版社，2014：174.）

（杨俊杰）

思考题

1. 本诗画面感极强，尤其是色彩的运用，试从此角度入手，简要谈谈你的看法。

2. 最后一句“能饮一杯无”，以口语的方式表达出了作者怎样的心理？

泛吴松江

王禹偁

苇蓬疏薄漏斜阳，
半日孤吟【独自吟咏】未过江。
唯有鹭鸶【一种水鸟】知我意【心中所想的心事】，
时时翘足【举足，抬起脚来】对船窗。

简析

这首小诗遣词用字平易质朴，以“趣”为主，体现了宋诗生新、有趣的特点。（钱志熙《宋诗一百首》，岳麓书社，2011：18.）全诗刻画事物抒写情志生动形象。前两句写江上泛舟情形，首句刻画了一缕阳光通过船篷疏薄处漏在船舱中，第二句写诗人在过江的舟中寻觅诗意，久而未得。诗人正是在看到漏下来的一缕阳光后才醒悟，原来已经过去了“半日”，这一缕阳光正见证了诗人觅诗的投入。后面两句承前面“孤吟”而来，诗人说自己这半日里的寻觅诗意，都无人理会，也无人能理会，只有那鹭鸶才知道，所以时不时地向船窗中的诗人翘足致意。这一幕颇为奇特有趣，所谓“鹭鸶知我意”，实际是以我观物，故物象皆着我之色彩，它实际上表现了诗人对自己寻诗觅诗的意趣有一种超凡脱俗的感觉。（张仲谋《历代名家绝句评点》，汕头大学出版社，2001：2.）诗人说鹭鸶知晓他的意趣，实际上是他从鹭鸶的翘足对窗中发现了诗意。此二句写得特有情趣，蕴含极深。也有许多评论家结合作者当时境遇认为后两句通过写鹭鸶对他有情，从而反映了人世对他的无情以及孤独的处境。

（杨俊杰）

思考题

1. 请简要描述诗歌前两句所描绘景色。

2. 请从修辞手法的角度，赏析诗歌的后两句。

过上湖岭望招贤江南北山

杨万里

岭下看山似伏涛，见人上岭旋争豪。
一登一陟一回顾，我脚高时他更高。

集评

1. 宋·姜特立：“今日诗坛谁是主，诚斋诗律正施行。”（《梅山续稿·谢杨诚斋惠长句》）

2. 宋·项安世：“四海诚斋独霸诗，世无仲氏敢言篪。”（《平庵悔稿·又用韵酬潘杨二首》）

3. 元·方回：“虽沿江西诗派之末流，不免有颓唐粗俚之处；而才思健拔，包孕富有，自为南宋一作手，非后来四灵、江湖诸派可得而并称。……南宋诗集传于今者，惟万里及陆游最富。”（《瀛奎律髓》）

简析

《过上湖岭望招贤江南北山》属于七言绝句。作者曾表白：“传派传宗我替羞，作家各自一风流。黄（庭坚）陈（师道）篱下休安脚，陶（潜）谢（灵运）行前更出头。”（《跋徐恭仲省干近诗》之三）此诗写作者登岭看远山，起先看时，那山如伏涛般平伏，那山势并不高远，待自己在此山每登高一段，就一回顾刚才所看的山。这时却发现，当我的脚已站得更高时，那山却又比我更高了。这也就是孔子的学生所说的：“仰之弥高，钻之弥坚”。后两句可用来比喻一个人学养的高深，也可用来表示学问的永无止境。全诗构思新巧，语言明畅，用了物与神游、境随心迁的妙理。在诗人的笔下，自然界的山有与人一争高低的性格。“放翁（陆游）善写景，而诚斋善写生。放翁如图画之工笔；诚斋则如摄影之快镜，兔起鹘落，鸢飞鱼跃，稍纵即逝而及其未逝，转瞬即改而当其未改，眼明手捷，踪矢蹑风，此诚斋之所独也。”（钱锺书《谈艺录》，生活·读书·新知三联出版社，2002.）

（缪黎明）

思考题

1.“一登一陟一回顾，我脚高时他更高。”其寓意何在？

2. 结合本诗，谈谈“诚斋体”幽默诙谐的艺术特点。

绝　句

志　南

古木阴中系短篷【带篷的小船】，杖藜【用藜的老茎制的手杖】扶我过桥东。

沾衣欲湿杏花雨【清明前后杏花开放时的雨，春雨】，吹面不寒杨柳风【早春的和风】。

集评

宋·魏庆之：“僧志南诗云……，晦庵尝跋其卷云：南诗清丽有余，格力闲暇，无蔬笋气，如……云云，余深爱之。”（《诗人玉屑》引《柳溪近录》）

简析

这首绝句写诗人在微风细雨中拄杖春游的乐趣。诗人并未将笔墨集中于春景的描绘，而是从感觉入手，重在表现内心的愉悦。

诗人拄杖出游，却说“杖藜扶我”，是将杖藜人格化了，赋予杖藜以人的情态，仿佛诗人的游伴，默默无言地扶人前行，给人以亲切感、安全感。“沾衣”二句历来为人所称道。今人评价：“‘沾衣欲湿杏花雨’此句颇有唐人‘山路元无雨，空翠湿人衣’的韵味，写出春雨似有似无、滋润轻柔的特点。‘吹面不寒杨柳风’，写春风轻拂略带暖意，给人以温馨惬意的美好享受，表达诗人对春的无限喜爱与赞美。”（李定广《中国诗词名篇赏析（下册）》，东方出版中心，2018：186.）雨润杏花，风拂杨柳，细雨沾衣而欲湿，春风吹面而不寒，体察精微，描摹细腻，又极富诗情画意。

历来写春的句子，或概写，如朱熹的“等闲识得东风面，万紫千红总是春”；或细摹，如徐元杰的“花开红树乱莺啼，草长平湖白鹭飞”。志南这首诗将两者结合起来，既有细微的描写，又有对春天整个的感受。写景凝练，意蕴丰富，读来使人如闻似见。“尽管在此之前，‘杏花雨’‘杨柳风’这样的诗境已广泛为人们所用，但真正成为熟词，不得不归功于志南这两句诗。元代虞集脍炙人口的《风入松》的名句‘杏花春雨江南’所描绘的意境，除了受陆游诗‘小楼一夜听春雨，深巷明朝卖杏花’影响外，或许也曾受此启发。”（李梦生《宋诗三百首全解》，复旦大学出版社，2007：255-256.）

（竺海燕）

思考题

1. 赏析诗歌第二句中“扶”字的妙处。

2. 请从情景交融的角度赏析诗歌三四两句。

雨晴

王驾

雨前初见花间蕊，雨后全无叶底花。
蜂蝶纷纷过墙去，却疑春色在邻家。

集评

1. 唐·司空图："今王生者，寓居其间，浸渍益久，五言所得，长于思与境偕，乃诗家之所尚者。则前所谓必推于其类，岂止神跃色扬而已哉。"(《与王驾评诗书》)

2. 宋·范晞文："'情新因意胜，意胜逐情新'，上官仪诗也。王驾有'雨前初见花间蕊，雨后全无叶底花'，脱胎工矣。人以为此格自驾始，作也。或又谓为荆公所作，亦非也。"(《对床夜语》)

3. 宋·胡仔："'雨前初见花间蕊……'此《唐百家诗选》中诗也。余因阅荆公《临川集》，亦有此诗云：'雨来未见花间蕊，雨后全无叶底花。蜂蝶纷纷过墙去，却疑春色在邻家。'《百家诗选》是荆公所选，想爱此诗，因为改七字，使一篇语工而意足，了无镵斧之迹，真削鐻手也。"(《苕溪渔隐丛话》)

4. 明·周珽："'雨前''雨后'分景，蜂喧蝶扰异趋，识此可以悟彼。'却疑'二字，有不自信之意，妙。"(《唐诗选脉会通评林》)

5. 明·胡震亨："按驾此诗出荆公《唐百家诗选》中，乃荆公《临川集》复有此，云：'雨前不见花间叶，雨后全无叶底花……'想爱此诗，因改七字入集中耳。'雨前见花蕊'与'雨后并无花'，两句未尝不相呼应。必云：'不见花间叶'以言花盛，蠢矣。雨后花尽，疑邻家尚有春色，非真疑之！惜春尽，故意其未尽耳。蛱蝶过墙，妙在先着‘飞来’两字，有寻索意，为有情耳。直言‘纷纷过去’，不尤蠢乎？驾诗即非品金，却被荆公点成铁块。”（《唐音戊签》）

简析

这是一首即景抒情诗，作者选取了雨后漫步花园所见之景，抒发了惜春之情，写得平中见奇，饶有趣味。

前两句扣住象征春色的“花”字来写春景。诗人将“雨前”所见和“雨后”情景相对比，“初见”“全无”概括精准，令人感受到雨前、雨后截然不同的两种景致：雨前花蕊初绽，雨后只剩满树绿叶。满园春色被一场春雨涤荡一空，面对满园花落春残的扫兴、叹惋之情油然而出。

“蜂蝶”二句以奇制平，活灵灵地写出了蜂蝶追逐春色的神态，更把春色也写活了。“那春色好似有脚似的，不耐自家小园的冷落清寂，跑去了邻家，顿时，这顽皮的春色一扫诗人怜花惜春的怅惘，平添几多情趣、几多兴味。”（范晓燕《唐诗三百首赏译》，中国人民大学出版社，2017：417.）其中“却疑春色在邻家”一句“可谓神来之笔，造语奇峰突起，而又浑然天成，令人顿时耳目一新。这一句乃是全篇精髓，起了点铁成金的作用，经它点化，小园、蜂蝶、春色，一齐焕发出异样神采，妙趣横生。古人谓‘诗贵活句’（吴乔《围炉诗话》），就是指这种最能表达诗人独特感受的新鲜生动的诗句”（《唐诗鉴赏辞典》，上海辞书出版社，1983：1373.）。

（竺海燕）

思考题

1. 诗歌前两句是扣住什么来写春景的？表达了诗人怎样的心情？
2. 诗中“疑”字历来为人所称道，请说说它的妙处。

富春至严陵山水甚佳

纪 昀

浓似春云淡似烟，参差【长短、高低、大小不一】绿到大江边。

斜阳流水推篷【拉开船篷】坐，翠色随人欲上船。

集评

清·阮元："所为诗直而不伉，婉而不佻，抒写性灵，酝酿深厚，未曾规模前人，罔不与古相合。"（《纪文达公集序》）

简析

乾隆二十七年（1762年）秋，纪晓岚赴任福建提督学政，离京南下。作者携妻儿一路访幽探胜，吟咏山水，共得诗作一百余首，这些诗后来集结成《南行杂咏》。"《南行杂咏》较为全面地体现了纪昀这种融汇百家之长的创作态度，表现出他高旷的胸次，也表现了他直抒性灵、妙在理趣的创作特点。"（刘树胜《纪昀〈南行杂咏〉的艺术特色》，载《沧州师范学院学报》，2005年第6期.）

《富春至严陵山水甚佳》共有绝句四首，这是其中的第二首，描绘了富春江沿途的秀丽景色，语言清新明快，比喻贴切生动。斜阳下，一只篷船行驶在富春江中，两岸绿树茂密，江中绿水涟漪。诱人美景吸引了坐在船中的诗人，他不禁推开船篷，想让两岸景色尽收眼底。刹那间，满目青翠碧绿，深浅不一的绿色如春云、似绿烟。诗人仿佛能够感受到翠色似乎正在紧紧地追随着他，甚至将要涌上船头。这两句诗准确地抓住了观景时的瞬间感受来写，笔调清新活泼。富春江山水鲜活的生命力跃然笔端，让人身临其境。

（竺海燕）

思考题

1. 诗歌前两句是如何表现富春山色的？

2. 诗歌三四句写景想象丰富，立意新巧，请试作赏析。

海　棠

苏　轼

东风袅袅【化用《楚辞·九歌·湘夫人》中的“袅袅兮秋风”之句】泛崇光【高贵华美的光泽，指正在增长的春光】，

香雾空蒙月转廊。

只恐夜深花睡去【引唐玄宗赞杨贵妃“海棠睡未足耳”的典故。史载，昔明皇召贵妃同宴，而妃宿酒未醒，帝曰：“海棠睡未足也。”】，

故烧高烛照红妆【用美女比海棠】。

集评

1. 宋·惠洪：“造语之工，至于荆公、东坡、山谷，尽古今之变。……东坡《海棠》诗曰：‘只恐夜深花睡去，高烧银烛照红妆。’又曰：‘我携此石归，袖中有东海。’山谷曰：‘此皆谓之句中眼，学者不知此妙语，韵终不胜。’”(《冷斋夜话》)

2. 清·马位：“李义山诗‘客散酒醒深夜后，更持红烛赏残花’，有雅人深致。苏子瞻‘只恐夜深花睡去，故烧高烛照红妆’，有富贵气象。二子爱花兴复不浅。”(《秋窗随笔》)

简析

世界上最美的事物，常常不是直接描绘出来的，而是靠想象创造的。在描绘海棠时，苏轼没有精雕细刻，而是抓住事物的本质特征，创造性地运用了“海棠春睡”的典故。唐明皇以海棠之艳丽喻杨妃之娇媚，苏轼反其道而用之，以美女喻海棠，以太真（即杨贵妃）之风流喻海棠

之美艳。钱锺书先生说，苏轼的一大特色就是“比喻的丰富、新鲜和贴切”。苏轼善将人人熟悉的事物，写得新颖别致，如“欲把西湖比西子，淡妆浓抹总相宜。”这把西湖美景写绝了，所以西子之喻被称为“西湖的定评”。

（刘鹏程）

思考题

1. 这首诗的一、二两句分别从________角度写了海棠的________的特点。

2. 这首诗表达了________________________________的主旨。

参考答案

江南

1. 莲藕。

2. 略。

静夜思

1. “望”与“看”不同在于，“望”不仅有着向远处看的含义，更是一种包含感情的远眺。“举头望明月”一句虽然没有直抒胸臆，表现自己对故乡亲人的思念，但一个“望”字却让我们深深感受到游子长久凝视月光背后深深的思念之情，一字蕴深情。

2. 作者将月光巧妙比作“霜”，不仅点出了月光的柔白，也暗含着点出中秋之夜旅人思乡难眠的孤独，将月与故乡两个物象紧紧联系在一起，催生出了“明月思乡”这一典型意象。

池上

1. 略。

2. 不是，从“不解藏踪迹，浮萍一道开”可以知道，这小孩尚大摇大摆地划着小船，他并不懂隐藏自己的踪迹，可见天真无邪。

小池

1. 涓细的水流从泉眼中无声地流出，柔和的阳光照在小池上，还有一只蜻蜓立在小荷上。

2. 语速不能太慢，也不要拖长音；要用适中的速度来读，并且体现出轻快、灵动的节奏感。(此题开放，能与诗歌意境相契合即可)

登鹳雀楼

1. “白日”表现太阳的光明璀璨，“白日依山尽”给人壮阔飞动之感。“红日”多是写平原地区的落日，“斜日”则强调日光斜照的方向性，如王禹偁《村行》：“万壑有声含晚籁，数峰无语立斜阳”，给人萧飒凋残之感。

2. 两首诗歌都写登临高处看到的山河壮阔之景，气势恢宏。畅诗句句写景，景物描写更细致，动词使用更有跃动的气势。王诗前两句写景，后两句抒情言志，表达了对高远境界的追求，更有余味。

望庐山瀑布

1. 首句说明香炉峰是瀑布的源头。把香炉峰缩微成香炉，描绘阳光照射下紫烟缭绕的壮丽景象，为后几句写瀑布起到渲染和蓄势的作用。(紫色又是道教文化中祥瑞的象征，也为阳光下庐山瀑布迷蒙的水雾增添了神秘的色彩。)

2. 李白和徐凝的诗歌都用比喻描绘庐山瀑布的磅礴气势等，但徐凝的比喻以仰望的视角直接描绘了瀑布的形态和颜色，比喻的选择缺少回味。李白以“青天视角”写出瀑布似乎是银河从天而降，可谓想落天外，充分表现了意气飞扬、天然浑成的意境。

夜宿山寺

1. 夸张；向往和追求。

2. “危”是高的意思，一个“危”字，格外夺人眼球，与“高”字在同句中的巧妙呼应，准确形象地把山寺屹立山巅、傲视寰宇的非凡气势表现得淋漓尽致。

敕勒歌

1. 北朝；天似穹庐，笼盖四野；敕勒川，阴山下。

2. D

村居

1. 春季（从“二月天”“暖春烟”可以看出）。诗作中表现春季的典型景物有“草长”“莺飞”“杨柳”“春烟”“东风”“纸鸢”，描绘的是乡村的二月，天气暖和起来。春光明媚，和风丽日，青草生长，鸣莺翩翩飞。春风吹动下白昼渐长长了，儿童沐浴着春光，呼吸着新鲜空气，奔跑着放飞风筝。诗作中有景有人有事，充满了生活情趣，勾画出一幅生机勃勃的“乐春图”。

2. 诗人在作品中抓住早春二月的特点，以精练的语言绘出了明媚的乡村春景，字里行间透出诗人对春天来临的喜悦和赞美。类似的作品还有杜甫的《春夜喜雨》和《绝句》、白居易的《钱塘湖春行》等。

咏柳

1. “妆”运用了拟人的修辞手法，生动形象地写出了春天嫩绿的柳叶像一位经过梳妆打扮的美人，形象地刻画了柳树亭亭玉立的特点。

2. “二月春风似剪刀”之妙喻，用拟人的手法刻画春天的美好和大自然的工巧，立意新奇别致，结构独具匠心，把春风孕育万物形象地表现出来，烘托无限的美感，饱含韵味。

晓出净慈寺送林子方

1. 夏季。“毕竟西湖六月中，风光不与四时同。”

2. 略。

绝句

1.“翠柳”与“黄鹂”，“白鹭”与“青天”，相互映衬，相互对比，着色极为鲜艳，极尽写物之工，翠与黄，白与青两两相对，相得益彰，若换成其他的字，则不能达到相对的效果。

2. 浦起龙的意思是说此诗前两句用的是“比兴”手法，下两句用的是“赋”法，前面的“两个黄鹂鸣翠柳，一行白鹭上青天”的描写是为了给“窗含西岭千秋雪，门泊东吴万里船”蓄势铺垫。

山行

1. 作者在山中行走看到了寒山、石径、白云、人家、枫林、霜叶，而作者最喜欢霜叶，原因是“霜叶红于二月花”。

2. 这句中的“晚”字用得无比精妙，它蕴含多层含义：（1）点明前两句是白天所见，后两句则是傍晚之景；（2）因为傍晚才有夕照；（3）诗人流连忘返，到了傍晚，还舍不得登车离去，足见他对红叶喜爱之极；（4）因为停车甚久，绚丽的晚霞和红艳的枫叶互相辉映，枫林才格外美丽，作者观察入微，才能悟出第四句“霜叶红于二月花”这样富有理趣的警句。

赠刘景文

1. 秋末冬初。

2. 橙树橘林，金黄碧绿，果实累累。这是丰收之景，不止于观赏悦目，橘实“可以荐嘉宾”。因此诗人称“橙黄橘绿”为一年好景。即使青春易逝、人生将晚，但还是要珍惜这大好时光，努力奋发。

夜书所见

1. 萧萧落叶、阵阵寒风、清冷秋江、篱落小屋、一盏孤灯以及挑蟋蟀的儿童都是触动作者漂泊在外的思乡之情的景物。

2. “挑”这个细节让人想象到这样一幅场面：儿童围绕在灯下斗蟋蟀，他们借着忽明忽暗的灯光，专注嬉戏、轻挑细拨，时而屏息观斗、时而惊喜欢呼。

望天门山

1. 配乐与诗歌风格相符。

2. 利用网络资源完成。

饮湖上初晴后雨

1. 西施（西子）；雨天；对西湖（大自然）的热爱及赞美。

2. 不管是晴天还是雨天，西湖都是美的；同样，无论是处于何时何地，只要我们能保持豁达乐观的心态，人生也会处处是美景！或：大自然不缺少美，而是缺少发现美的眼睛。

望洞庭

1. 无风的洞庭湖　君山

2. 刘禹锡被称为（诗豪），王维为（诗佛），李贺为（诗鬼），白居易为（诗魔）。

绝句

1. 春日的阳光下江山是那样美丽，春风送来了花草的香气。燕子飞来飞去，衔泥筑巢；沙洲温暖，鸳鸯在酣睡。

2. 略。

惠崇春江晚景

1. 苏轼的这首七绝，通过对江上典型景物的描绘，表现了春天给大自然带来的蓬勃生机，也给诗人带来了盎然的情趣，学生自主创作即可。

2. 这首诗不仅仅局限于目所能见的春景，在勾画桃花盛开、水上鸭群、繁密蒌蒿和芦芽之外，苏轼还写了要凭触觉才能感到的水之“暖”，要用思维才能想到的鸭之“知”，要靠经验判断才能预言的河豚之“欲上”。这首诗的高妙之处，正在于以这些想象和联想点活了画面，使画中的景物由平面静止的罗列变得生机勃发、情趣盎然。

三衢道中

1. 夏天，初夏

2. 梅子时节，天气晴朗，山间的小路上绿树成荫，满目葱翠，那黄莺在枝叶间婉转地鸣唱。

元日

1. 春风送暖，旭日初升，家家户户点燃爆竹，合家喝着屠苏酒，忙着摘下门上的旧桃符，换上新桃符。

2. 王安石这首诗充满欢快及积极向上的奋发精神，是因为他当时正出任宰相，推行新法。本诗就是通过新年元旦新气象的描写，抒写自己执政变法，除旧布新，强国富民的抱负和乐观自信的情绪。

清明

1. 本来，佳节行路之人，已经有不少心事，再加上身在雨丝风片之中，纷纷洒洒，冒雨趱行，那心境更是加倍的凄迷纷乱了。所以说，“纷纷”是形容春雨，可也形容情绪；甚至不妨说，形容春雨，也就是为了形容情绪。这正是中国古典诗歌里寓情于景、情景交融的一种绝艺，一种胜境。

2. “遥”，字面意义是远。但切不可处处拘守字面意义，认为杏花村一定离这里还有十分遥远的路程。这一指，已经使读者如同看到，隐约红杏梢头，分明挑出一个酒帘——“酒望子”来了。若真的距离遥远，就难以发生艺术联系，若真的就在眼前，那又失去了含蓄无尽的兴味：妙就妙在不远不近之间。在实际生活中，问路只是手段，目的是得真的奔到了酒店，而且喝到了酒，才算一回事。在诗里就不必然了，它恰恰只写到“遥指杏花村”就戛然而止，再不多费一句话。剩下的，行人怎样地闻讯而喜，怎样地加把劲儿趱上前去，怎样地兴奋地找着了酒店，怎样地欣慰地获得了避雨、消愁两方面的满足和快意……这些诗人就能“不管”了。他把这些都含蓄在篇幅之外，赋予读者的想象，由读者自去寻求领会。他只将读者引入一个诗的境界，他可并不负责导游全景；另一面，他却为读者开展了一处远比诗篇语文字句所显示的更为广阔得多的想象余地。这就是艺术的“有余不尽”。

九月九日忆山东兄弟

1. 独在异乡为异客，每逢佳节倍思亲　　对亲人的思念

2. 重阳节　登高、插戴茱萸、吃重阳糕

暮江吟

1. 秋天傍晚。

2. 露珠 珍珠；月亮 弯弓；喜悦。

题西林壁

1. 横和侧，远和近，高和低。

2. 不识庐山真面目，只缘身在此山中。

雪梅

1. 用拟人手法，生动写出了梅、雪都认为自己装点了春光，谁也不肯相让的情态。

2. 例：墙角数枝梅，凌寒独自开。

出塞

1. 首句运用互文，意为“秦时明月秦时关，汉时明月汉时关”，表现自秦而汉，从古到今，以广袤的时空引发普遍的共鸣；明月和边关常在，征人却有去无还，揭示了历史的持久与必然，为后文慨想飞将军李广一夫当关万夫莫开的雄武作铺垫。

2. 后两句诗中的“但使”“不教”以对飞将军李广的呼唤期待表达了保家卫国、抗击外敌的坚定决心和强烈意志，有慷慨激昂的一面，但另一方面，“万里长征人未还”表现了边塞战争的艰难与残酷，流露悲凉之意，而“但使”又隐含了当今求李广这样的名将而不得的无奈之情。

凉州词

1. 边塞；将要；用晶莹剔透的白玉做成的酒杯。

2. 表现战士们豪放慷慨的感情和视死如归的广阔胸襟。

夏日绝句

1. 当，理解为“应当如此”。诗人此处用“当”字指出了人生的价值取向，明确了做人的基本原则，包含着对懦弱、逃跑行为的批判，表现出对项羽英雄气节的高度概括和赞赏。如果换成解释为“是”的“乃”或是个人主观愿望的“要”字，无法表现出作者丰富的感情。

2. “至今思项羽”中“至今”一词有两层含义：一层是项羽的精神一直在流传，从来没有间断过；另一层意思是“靖康之变”的国破家亡的危难之际，项羽的宁可自杀也不苟且偷生的英雄气节尤其令人怀念和敬佩。“不肯过江东”一句中“不肯”一词，表现了项羽至死不屈的坚决态度，印证了前两句中的“人杰”“鬼雄”。女诗人李清照借咏项羽痛斥了投降派的无耻行径，短短四句二十个字，充满了凛然正气，掷地作金石之声，可谓“巾帼不让须眉”。

四时田园杂兴（其二十五）

1. 杏子肥　麦花白　菜花稀　初夏

2. 没有直接写农民的辛勤劳动，而是用“日长”“无人过”来进行侧面描写。“惟有蜻蜓蛱蝶飞”，用蜻蜓、蝴蝶的翻飞来衬托村中的幽静，从侧面写出了初夏农事正忙。

宿新市徐公店

1. 不能。因为是黄蝶，所以飞入菜花才无处寻。

2. 借景抒情（或：寓情于景），表达了诗人对生活（或：自然）的热爱之情。

清平乐·村居

1. 在描写手法上，没有一句使用浓笔艳墨，只是用纯粹的白描手法，描绘了农村一个五口之家的环境和生活画面。在艺术结构上，全词紧紧围绕着小溪，布置画面，展开人物的活动。在写景方面，茅檐、小溪、青草，这本来是农村中司空见惯的东西，然而作者把它们组合在一个画面里，却显得格外清新优美。在写人方面，翁媪饮酒聊天，大儿锄草，中儿编鸡笼，小儿卧剥莲蓬。通过这样简单的情节安排，就把一片生机勃勃和平宁静、朴素安适的农村生活，真实地反映出来了，给人一种诗情画意，清新悦目的感觉。

2. “卧”字用得好是因为它将小儿无拘无束卧剥莲蓬吃的那种天真活泼的情态，描绘得栩栩如生，刻画出鲜明的人物形象，耐人寻味。

芙蓉楼送辛渐

1. 写出眼前所见景色，楚山是孤零零的一座；同时写出了作者内心的孤独。（也可以写：诗人以楚山孤立来衬托内心的孤独）

2. 答案示例：

亲人：我家昌龄是不是出事了？

友人：昌龄兄要我告诉你们，他的心就像放在玉壶里的冰块那样，晶莹剔透，绝不会同流合污。请你们放心！

塞下曲

略。

墨梅

1. 花色淡漠，花香清芬。

2. 示例：墨梅只留清气，告诉我们做一个人也应该坚持自己的品格、操守，不能同流合污。

示儿

1. 但悲不见九州同　王师北定中原日

2. 九州　华夏　神州

题临安邸

1. “暖风”既指自然界的春风，又指社会上淫靡之风。“游人”既指一般游客，更是指那些忘了国难，苟且偷安，寻欢作乐的南宋统治阶级。

2. 诗歌前两句写南宋统治集团寻欢作乐的荒淫腐朽。首句以重叠事物名，写青山连绵、楼台层叠的胜地风光。次句点题，在青山绿水之间，一片金碧辉煌的楼台，到处轻歌曼舞。诗人用责问的语气，抨击了统治者酣歌醉舞的享乐糜烂的生活。后两句，写南宋统治集团醉生梦死、偏安江南。有暖日和风的气息，有花木的气息，有美酒佳肴的气息，有香脂腻粉的气息，使游人沉醉，把西湖弄得乌烟瘴气，令人错把杭州当汴州。这种恶劣的社会风气加深了国家、民族的灾难。诗人在尖锐的讽刺中，寄寓了极大的忧愁和愤懑。

己亥杂诗

1. 落红不是无情物

2. 期待社会变革，政治清明，报效国家。

山居秋暝

1. 月、松、泉、竹、莲；这些意象都是高洁的象征，表达了作者高洁的情怀和对理想世界的追求。

2. 月照松间图：雨后，明月如同被雨水洗过一般，皎洁明亮，穿过青翠欲滴的松林，洒下清光，静谧美好。

泉流石上图：雨后的山泉欢快地流淌着，流淌于石板上，流淌于石缝间，泉水叮咚，宛若一曲和谐的奏鸣曲。

浣女晚归图：竹林里忽然传来一阵阵的欢声笑语，原来是一群天真无邪的姑娘们洗完衣服笑逐着归来了。

枫桥夜泊

1. 苏州

2. 示例：（1）不识庐山真面目，只缘身在此山中。（2）朝辞白帝彩云间，千里江陵一日还。

长相思

1. 聒碎乡心梦不成，故园无此声。

2. C

四时田园杂兴（其三十一）

1. 耘田；绩麻；学种瓜。

2. 举例：大儿锄豆溪东，中儿正织鸡笼。最喜小儿亡赖，溪头卧剥莲蓬。——宋·辛弃疾《清平乐·村居》

儿童散学归来早，忙趁东风放纸鸢。——清·高鼎《村居》

蓬头稚子学垂纶，侧坐莓苔草映身。路人借问遥招手，怕得鱼惊不应人。——唐·胡令能《小儿垂钓》

日长睡起无情思，闲看儿童捉柳花。——宋·杨万里《闲居初夏午睡起》

儿童急走追黄蝶，飞入菜花无处寻。——宋·杨万里《宿新市徐公店》

儿童相见不相识，笑问客从何处来？——贺知章《回乡偶书》

稚子弄冰

1. 银钲　玉磬　比喻

2.（1）晚上将水放在盆里。

（2）早晨将冻结在盆里的冰块取出。

（3）用彩丝穿过冰块。

村晚

1. 一个“衔”字，用拟人的写作手法刻画了日落西山的画面；一个“浸”，则写出了山和落日倒映在水中的形象，生动形象。

2. 本诗后两句刻画了在乡野黄昏晚景中，一位牧童悠然自得骑坐在牛背吹笛，纯朴无邪而天真快乐的形象。

从军行

1. 层层浓云

2. A

秋夜将晓出篱门迎凉有感

1. 三万里　五千仞　　飞流直下三千尺，疑是银河落九天。

2. (1) √　(2) √　(3) √

闻官军收河南河北

1. “快”字体现在章法和情感两方面。从章法来说看，首句叙事，次句言情，三、四句以转作承，第五句能缓受，第六句上下引脉，七、八，也就是章法上作者运用一连串的动作描绘出“初闻”后的作者的情态，画面感十分丰富。从情感上来看，作者在一瞬间道出听到好消息后的思维流动，从自身到妻子，空间时间转换很快，直是一往奔腾，不可收拾，一气注下八句诗，其疾如飞。

2. 本诗主要写出的是作者在听到意外惊喜之况后的情态，语或似无伦次，但是意若贯珠，叠词连用更能体现作者那种喜意，近乎情感失控的状态。如果中间是对偶，便无气力。而叠词的运用，一气流注，不见句法字法之迹，更加自然。

宿建德江

1. 本诗前两句写诗人旅舟停泊在烟雾蒙蒙的沙洲边，眼见日落黄昏，一段新的旅愁油然而生。后两句借景抒情，在诗人的眼里，原野空旷辽阔，远方的天空好像低压在树木之上，心情更觉压抑，惟有倒映在清清江水中的明月似乎主动与人亲近，带来些许的安慰。

2. 以工整的对偶句写景：野旷、天低、江清、月近。一写远眺，一写近观，抓住建德江畔景色的特点，写出了它的自然之美，并以清新之景烘托出诗人的羁旅之愁，融情于物，收到了情景交融的艺术效果。

六月二十七日望湖楼醉书（其一）

1. D

2. 黑云翻滚　大雨倾盆　风吹云散　水天相接

西江月·夜行黄沙道中

1. 蝉鸣、鹊啼、蛙叫、人声，一方面渲染了丰收欢乐的气氛；另一方面夜行人能清晰地听到这一切，反过来又表现了夏夜的寂静。

2. 运用了对偶的修辞手法，上下句对仗工整。上句的“七八个”对应下句的“两三点”，两者都是数词与量词的组合，而后名词“星天”与“雨山”相对，方位介词“外”与“前”相对；同时上下句的意思互相补充，共同勾勒出一幅清幽寂静的夏夜乡村图景，表达了诗人对此的喜爱之情。

浪淘沙

1. 这首诗描绘了黄河弯弯曲曲、携带着泥沙随风翻滚的壮阔景象。

2. 诗人想象着迎着风沙、逆流而上，寻找牛郎织女的家，将现实世界引入神话世界，表现出诗人的豪迈气概。

江南春

1. 相同点：前两句与后两句的景物都具有广阔的特点；不同点：前两句清新多姿、色彩鲜明，后两句迷蒙黯淡。

2. 南朝已经覆灭，而南朝所建的众多寺庙还矗立在烟雨中，一方面抒发了朝代更迭、历史沧桑的感叹，另一方面也含蓄表达了诗人对于南朝灭亡原因的思考。（此题开放，自圆其说即可）。

书湖阴先生壁

1. 示例：(1) 野旷天低树，江清月近人。(2) 黑云翻墨未遮山，白雨跳珠乱入船。

2. A

寒食

1. 不好。“飞花”和第二句的“东风”相呼应，更富于动态的美感。

2. 略。

迢迢牵牛星

1. “迢迢”是诗人从地面仰望星空的视角感受，而“盈盈一水间”，“相去复几许”是从织女看牛郎的视角感受而写，所以，一远一近，各不相同。

2. 诗中的抒情主人公既是织女，也是思妇（诗人）。抒发了虽近在咫尺而衷情难诉的愁苦。反映了封建社会中妇女遭受各种束缚无法把握自己命运的现实。

十五夜望月

1. “树栖鸦”使用了倒装的手法，萧森的树荫里，鸦鹊的聒噪声逐渐消停下来，它们终于适应了皎月的刺眼惊扰，先后进入了睡乡。即使在明月之夜，人们也不大可能看到鸦鹊的栖宿；而鸦鹊在月光树荫中从开始的惊惶喧闹（周邦彦《蝶恋花》词有句“月皎惊乌栖不定”，也就是写这种意境）到最后的安定入睡，却完全可能凭听觉感受出来。“树栖鸦”这三个字，朴实、简洁、凝练，既写了鸦鹊栖树的情状，又烘托了月夜的寂静。

2. “今夜月明人尽望，不知秋思落谁家。”普天之下又有多少人在望月思亲。在家乡的人思念远离的亲人；离乡之人遥望家乡亲人。诗人不再正面写自己的思亲之愁，而是用一种疑问式的委婉语气道出那绵绵的愁念会落在谁家。前两句写景，不带一个“月”字；第三句才点明望月，而且推己及人，扩大了望月者的范围。但是，同是望月，那感秋之意，怀人之情，却是人各不同的。诗人怅然于家人离散，因而由月宫的凄清，引出了入骨的相思。他的“秋思”必然是最浓挚的。然而，在表现的时候，诗人却并不采用正面抒情的方式，直接倾诉自己的思念之切；而是用了一种委婉的疑问语气：不知那茫茫的秋思会落在谁的一边。明明是自己在怀人，偏偏说“秋思落谁家”，这就将诗人对月怀远的情思，表现得蕴藉深沉。似乎秋思唯诗人独有，别人尽管也在望月，却并无秋思可言。这真是无理之极，然而愈显出诗人痴情，手法确实高妙。

马诗

1. 何当金络脑，快走踏清秋。

2. B

石灰吟

1. 首句“千锤万凿出深山”是形容开采石灰石很不容易，更突出石灰不怕击打。第三句“粉骨碎身全不怕”中“粉骨碎身”极形象地写出将石灰石烧成石粉，“全不怕”突出石灰甘愿经受磨炼，奉献自己的品质。总之，诗歌是围绕石灰不怕击打、不怕烈火，甘愿粉身碎骨而把白粉末奉献给人们的特点来写的。

2. 这首诗采用了托物言志（以物喻人、象征）的手法，表达了作者表明自己为国为民建功立业，即使粉身碎骨，自我牺牲，也要坚守洁白无瑕人格的志向。

竹石

1. 处境艰难但是顽强不屈，立场坚定，坚守自我。

2. 略。

采薇（节选）

1. 风、雅、颂、赋、比、兴

2. 要点：（1）本诗前五章写战争之苦，亦有保家卫国的豪情。末章则是归途所忆所感；（2）以乐景写哀情，更见战争带来的精神创伤；（3）虚实相生，更突出了雨雪归途之凄冷彷徨。

送元二使安西

1. 景色有“朝雨”“柳树”，诗人着重描写了雨后的清新明朗的环境，创设了哀而不伤的离别氛围。借景抒情，突出送别主题。

2. 不仅有依依惜别的深厚情谊，而且包含了对朋友远行的深深祝福。

春夜喜雨

1. 作者把雨拟人化，说它“知时节”，懂得满足时节的需要，春天是万物萌芽生长的季节，而此时刚经历安史之乱的成都却遭遇了旱情，正需要下雨缓解灾情，雨就下起来了，其好在适时；同时，这场雨还好在“润物”，春雨伴随着和风，悄然无声地滋润万物的成长；再有“野径云俱黑，江船火独明”表明只有船上的灯火是明的，此外连江面也看不见，小路也辨不清，天空里全是黑沉沉的云，地上也像云一样黑，这意味着这场雨是绵长而雨量充沛的，能有效缓解旱情；最后作者在尾联想象如此“好雨”下上一夜，万物就都得到润泽，最能代表春色的花，也就带雨开放，红艳欲滴，令人欣喜。

2. 诗人将春雨拟人化，表现出其对春夜细雨的无私奉献品质的喜爱赞美之情。类似的作品还有曹植《七步诗》中的“其在釜下燃，豆在釜中泣”、王之涣《凉州词》“羌笛何须怨杨柳，春风不度玉门关”、杜甫的《春望》“感时花溅泪，恨别鸟惊心”、王安石的《书湖阴先生壁》“一水护田将绿绕，两山排闼送青来”等。

早春呈水部张十八员外

1. 早春二月，一番细雨后，春草芽儿从地里冒出来，远远望去，仿佛铺着一层淡绿的地毯，朦朦胧胧；但待作者欣喜地走近细看，发现地上只有稀稀疏疏的细芽，反而看不出什么颜色了。

2. 赞同：经历了严冬，忽然看到早春时节特有“遥看近却无”的草色，令人更为惊喜，因为它象征着大地春回、万象更新，给人以希望；而暮春时，烟柳已经“满”城皆是，不稀罕了。

不赞同：尽管早春的细雨草色十分美好，象征着希望，令人惊喜；但是作者说“绝胜”太过偏颇，晚春草木葱茏，应该是各有其美，各得其妙。

江上渔者

1. 本诗描写了两幅画面：岸上来来往往的行人，心中想着鲈鱼的美味；江中渔人在险恶的风浪中驾舟劳作。两者形成鲜明对比，反衬出渔民劳作的艰辛，抒发了作者对劳动者的同情与关怀。

2. 本诗通过描写渔人为了世人所贪恋的美味而驾一叶扁舟在险恶风浪中辛苦劳作，表达了对劳动者的同情与关心，由此可以印证作者是一位关心百姓疾苦的政治家。

泊船瓜洲

1. 月；思念家乡。

2. 一个“绿”字将无形的春风化为鲜明的形象，极为传神。王安石把“绿”字用作动词，无形的春风转换成了鲜明的视觉形象，产生了动态效果，令人眼前仿佛看到了春风吹拂，两岸瞬间变绿的画面，感受到了蓬勃的生命力。

游园不值

1. 门虽设而常关，“小扣柴扉”又“久不开”，其人懒于社交，无心利禄，已不言可知。门虽常关，而满园春色却溢于墙外，其人怡情自然，丰神俊朗，更动人遐思。

2. 春色在这么一“关”一“出”之间，冲破围墙，溢出园外，显示出一种蓬蓬勃勃、关锁不住的生命力度。后人更赋予这两句诗以生活的哲理：新生事物一定会冲破重重困难，脱颖而出，蓬蓬勃勃地发展起来。这两句诗也便获得了新的生命，流传不绝。

卜算子·送鲍浩然之浙东

1. 上阕用美人的眼波比喻浙东的水，用美人的眉峰比喻浙东的山，用美人眉眼盈盈处比喻浙东的山水之美，形象生动地描摹出山水春光的动人之处，为下阕写送别友人营造了春光明媚的氛围，更加烘托出词人内容的留恋与不舍。

2. 下阕“才”“又”“千万”抒发了词人伤春与送别的双重感伤，并以叮咛的方式表达了对友人的美好祝福。

浣溪沙

1. 词牌。

2. 乐观豁达。(意思对即可)

清平乐

1. 拟人。惜春、恋春。

2. 略。

悯农二首(其二)

1. 辛勤劳动；同情(之心)。

2. 略。

遗爱寺

1. 五言绝句；乐天；香山居士；《白氏长庆集》。

2. 这是一首写景抒情的短诗，诗人将石、溪、花、鸟、泉等多种自然景物有机地组合在一起，描绘了一幅清新秀丽、生机勃勃的图画，勾勒出遗爱寺令人神往的风景，又通过“弄”“寻”“行”等细致的动作描写刻画，表达了诗人对大自然的无限热爱之情。

所见

1. 诗人先写小牧童的动态，那高坐牛背、大声唱歌的派头，何等散漫、放肆；后写小牧童的静态，那屏住呼吸，眼望鸣蝉的神情，显得特别专注。“此时无声胜有声”。这从“骑”“振”的动到“闭”“立”的静的变化，写得既突然又自然，把小牧童天真烂漫、好听多事的形象，刻画得活灵活现。这首诗正是在这种起伏变化中获得了巨大的艺术效果。诗的语言，明白如话，质朴无华，十分本色。至于下一步的动静，小牧童怎样捕蝉，捕到没有，诗人没有写，留给读者去体会、去遐想、去思考。

2. 这首诗通过对自然环境和社会生活的描写，直接抒发生活的感受，看似闲情逸致，实则寄托情思。作品不顾及格律，活泼自由，语言浅显明了，形象自然生动。综观全诗，它所描绘的和平、宁静和优美如画的田园风光，所刻画的活泼、自在和天真无邪的牧童形象，表现了诗人的一种“真性情”。作品不论是内容还是形式都表现出其“赤子之心”。

江雪

1. 诗人通过“绝”“灭”两个字表现了清冷、寂寥、肃杀的意境。“绝”“灭”延及了整个“千山”“万径”，如同电影长镜头扫过整片山脉。在如此浩大的孤冷中，“孤舟”“独钓”的劲峭、倔强又扑面而来。

2.《江雪》的孤绝意境和诗人的流贬经历息息相关。诗中独自垂钓的老翁散发孤傲倔强的气质，正体现了柳宗元虽遭贬谪却不屈不挠的性格特点和精神品质。

回乡偶书（其一）

1. 年纪大了；鬓毛衰。

2. 答案举例：我离开了家乡50多年，现在回来，却已经是物是人非，这些孩子都不认识我了。

早发白帝城

1. 在早上。

2. 略。

大林寺桃花

1. 诗的开首“人间四月芳菲尽，山寺桃花始盛开”两句，是写诗人登山时已届孟夏，正属大地春归，芳菲落尽的时候了。但不期在高山古寺之中，又遇上了意想不到的春景——一片始盛的桃花。从紧跟后面的“长恨春归无觅处”一句可以得知，诗人在登临之前，就曾为春光的匆匆不驻而怨恨，而恼怒，而失望。因此当这始所未料的一片春景冲入眼帘时，该是使人感到多么的惊异和欣喜。诗中第一句的“芳菲尽”，与第二句的“始盛开”，是在对比中遥相呼应的。它们字面上是记事写景，实际上也是在写感情和思绪上的跳跃——由一种愁绪满怀的叹逝之情，突变到惊异、欣喜，以至心花怒放。而且在首句开头，诗人着意用了“人间”二字，这意味着这一奇遇、这一胜景，给诗人带来一种特殊的感受，即仿佛从人间的现实世界，突然步入一个什么仙境，置身于非人间的另一世界。正是在这一感受的触发下，诗人想象的翅膀飞腾起来了。“长恨春归无觅处，不知转入此中来。”诗人想到，自己曾因为惜春、恋春，以至怨恨春去的无情，但谁知却是错怪了春，原来春并未归去，只不过像小孩子跟人捉迷藏一样，偷偷地躲到这块地方来罢了。

2. 诗人写这首小诗时，是在江州司马的任上。因其直谏不讳，冒犯了权贵，受朝廷排斥，被贬为江州司马。身为江州司马的白居易，在《琵琶行》一诗中，曾面对琵琶女产生“同是天涯沦落人”的沧桑感慨。这种沧桑的感慨，也许自然地融入这首小诗的意境，使《大林寺桃花》记游诗，蒙上了逆旅沧桑的隐喻色彩。正是这种感慨，诗人不用“山外”四月芳菲尽，而用“人间”。这种遣词颇令人品味其中的深邃意味。“人间”一词，决不仅仅为“山寺”的对仗工整而用，“山寺”也许就是诗人忘忧、宽慰的“人间”的仙境。“人间”天涯沦落的长恨，也许在桃花盛开的仙境会得到解脱；人生摆脱悲欢离合烦忧的办法，也许就在远离喧嚣的美丽和宁静中向你走来。

前出塞（其六）

略。

题诗后

1. 三年两句得，一吟双泪流。

2. 略。

赋得古原草送别

1. 咏物诗也可作为寓言诗看。有人认为是讥刺小人的。从全诗看，原上草虽有所指，但喻意并无确定。“野火烧不尽，春风吹又生，”却作为一种“韧劲”而有口皆碑，成为传之千古的绝唱。

2. 我不这么认为，从情感的内涵来说，诗歌上两联写物生之无间。离离原上草，写的是客观的景物，描绘出一望无边的青草连绵的眼前景象，实质是为下两联作情感铺垫，用景的展开为后文“萋萋满别情”情感蓄势。而“野火烧不尽”表面指的是草的生命力顽强，不因野火而消失殆尽，实质暗含主人公的情感不随外物的改变而移位，会始终如枯草一样，一遇春风就会变绿，将人物的情感与物的特性合二为一。

七步诗

1.“同根”一语双关，表面上指“萁”和“豆”是在同一根上面生长起来的，实际上是说自己与曹丕是同一父母所生，责问曹丕为什么要对同胞兄弟逼迫得这样急。画龙点睛，揭示了诗歌主题。千百年来已成为人们劝诫避免兄弟阋墙、自相残杀的普遍用语。

2. 这首诗以萁豆相煎为比喻，控诉了曹丕对自己和其他众兄弟的残酷迫害。口吻委婉深沉，讥讽之中有提醒规劝。这一方面反映了曹植的聪明才智，另一方面也反衬了曹丕迫害手足的残忍。这首诗之妙，在于巧妙设喻，寓意明畅。豆和豆萁是同一个根上长出来的，就好比同胞兄弟，豆萁燃烧起来却把锅内的豆煮得翻转“哭泣”，以此来比喻兄弟相残。

百忧集行

1.“忆年十五心尚孩，健如黄犊走复来。”“心尚孩”即心智还未成熟，还像一个小孩子。这两句的意思是说，年少之时，无忧无虑，体魄健全，精力充沛，真是朝气蓬勃。我们从首句可以看出，诗人有一颗天真无邪的童心，在十五岁时，仍在持续跳跃着。这句概括了杜甫由童年到少年的天真烂漫、活泼可爱。我们也从字里行间，感受到诗人的喜悦与兴奋。第二句“健如黄犊走复来”，这是诗人当时生活的写照。诗人运用了一个比喻，把当时强健的身体比喻为“黄犊”（健壮的小牛），也暗示了诗人现在身体已经极为虚弱。

2. 首先，对比手法的运用。用“健如黄犊”对比“坐卧只多”，用“走复来”对比“少行立”，用“强作笑语”对比“悲见生涯”，更见诗歌“悲”的氛围之浓，情感之深。诗人还将自己的童心少年和自己的痴儿作了对比。自己年少时，无忧无虑，不愁吃穿，却想不到已入老境之际，自己的儿子却饥饿难忍，啼叫怒索。

其次，数字强化情感。为了表现百感交集的感慨，诗人以数字强化衬托悲哀的惨状，以此强化悲的情怀。诗中以“十五”比“五十”，就划分了自我的两个时代。以“八月”果熟，“一日”上树“千回”，来形容“十五”岁的少年的灵敏活跃，天真烂漫。

再次，夸张手法的运用。比如，“庭前八月梨枣熟，一日上树能千回。”其中的“千回”，就是运用了夸张手法，表明了“一日上树”次数多，从而暗示了那时“健如黄犊”的身体。

别董大（其一）

1. “千里黄云白日曛，北风吹雁雪纷纷。”这两句以其内心之真，写别离心绪，故能深挚；以胸襟之阔，叙眼前景色，故能悲壮。落日黄云，大野苍茫，唯北方冬日有此景象。日暮黄昏，且又大雪纷飞，于北风狂吹中，唯见遥空断雁，出没寒云，使人难禁日暮天寒、游子何之之感。头两句以叙景而见内心之郁积，虽不涉人事，已使人如置身风雪之中，似闻山巅水涯有壮士长啸。这首诗歌胸襟开阔，写别离而一扫缠绵忧怨的老调，雄壮豪迈，堪与王勃“海内存知己，天涯若比邻”的情境相媲美。

2. “莫愁前路无知己，天下谁人不识君。”这两句是对朋友的劝慰：此去你不要担心遇不到知己，天下哪个不知道你董庭兰啊！此话响亮有力，于慰藉中充满着信心和力量，激励朋友抖擞精神去奋斗、去拼搏。因为是知音，说话才朴质而豪爽。

乞巧

1. 有真情实感为好。

2. 内容准确，有生动性更好。

于易水送人

1. 荆轲刺秦，易水一别。

2. 仰慕英雄，空有一腔热情无处可洒。

逢雪宿芙蓉山主人

1. 诗作描写的是一幅旅客暮夜投宿、山家风雪人归的寒山夜宿图。作品通过旅客的所见所闻，生动概括了山中人家的生活环境，表现了诗人对劳动人民清贫生活的同情。

2. 两句中所流露出的是家的温暖和团聚的喜悦。这里可以从虚实两个方面来看：一是实写全家人在苦苦等候外出的亲人，既期待又焦急。一会怕风雪太大路上危险，希望他住一天明天再慢慢回来，一会又希望赶快见到他，迟迟不肯入睡。因此门外狗一叫，不等他走近，家人就开门一起迎上去。这里写活了我们在等亲人回家时的心情，无论多晚都不肯睡，一听到声音就跑去门口看看。另一层是虚写离家的人归心似箭，恨不得插上翅膀飞回家。虽然是大风雪，也要连夜赶回来；虽然天很冷，但心里却很暖。

鹿柴

1. A

2. 诗中有画

江畔独步寻花（其六）

1. 第三句“留连戏蝶时时舞”中“留连”一词，形容蝴蝶飞来飞去舍不得离开的样子。花枝上彩蝶蹁跹，因恋花而“留连”不去，从侧面写出春花的鲜艳芬芳（或暗示出花的芬芳鲜艳）。花可爱，蝶的舞姿亦可爱，不免使漫步的人也“留连”起来，似乎诗人也被万紫千红的春花所吸引而流连忘返。

2. “娇”是形容莺歌柔美圆润；“恰恰啼”是说正当诗人赏花时，在赏心悦目之际，恰巧传来一串黄莺动听的歌声，将沉醉花丛的诗人唤醒。只因为诗人内心欢愉，所以想当然地认为黄莺是特意为自己歌唱。诗人运用移情于物的手法，收到了物我交融，情景相生的艺术效果。

赠花卿

1. 这首诗描绘了乐曲轻柔悠扬、美妙动听、无与伦比的特点。

2. “半”的字面意思是“一半”，乐曲声一半随风飘荡在江面，一半又随风飞上云端；两个“半”字写出了乐曲行云流水般美妙动听。

黄鹤楼送孟浩然之广陵

1. 它不同于王勃《送杜少府之任蜀川》那种少年刚肠的离别。这首诗，表现的是一种充满诗意的离别。其之所以如此，是因为这是两位风流潇洒的诗人的离别，还因为这次离别跟一个繁华的时代、繁华的季节、繁华的地区相联系，在愉快的分手中还带着作者的向往，这就使得这次离别有着无比的诗意。

2. 既是眼前景象，又不单纯是写景。作者对朋友的一片深情体现在这富有诗意的神驰目注之中。诗人的心潮起伏，正像滚滚东去的一江春水。这场带着一片向往之情的离别，被诗人用绚烂的阳春三月的景色，将放舟长江的宽阔画面，将目送孤帆远影的细节传神地表现出来。

塞下曲（其二）

1. 边塞；司马迁；《史记·李将军列传》。

2. 略。

凉州词

1. 诗歌首句描绘黄河滚滚而来，流向云端，表现了壮阔广袤的背景，继而描绘万仞高山矗立，衬托边塞将士所守城池的险要和孤独。意境苍凉，气势恢宏。

2. 两首《凉州词》都表现了边塞战争的艰苦。王之涣借景抒情，以“何须怨杨柳”“春风不度”等诗句抒发战士征戍别离的愁情；王翰直抒胸臆，以“君莫笑”“几人回”等语句表达战士慷慨赴死的豪情。

秋夕

1. 本诗一、三两句写景，把深宫秋夜的景物十分逼真地呈现在读者眼前。一个“冷”字暗示寒秋气氛，又衬出主人公内心的孤凄。“凉如水”的设喻不仅有色彩感，而且有温度感。二、四两句写宫女，含蓄蕴藉，借羡慕牵牛织女，抒发心中的悲苦，耐人寻味。

2. 本诗中没有一句抒情的话，但宫女那种哀怨与期望相交织的复杂感情，见于言外，从另一个侧面反映了封建时代妇女的悲惨命运。

乐游原

1. 诗人身处晚唐，国运日衰，怀才不遇，岁月流逝。

2. 美好的夕阳临近黄昏，很快就会消逝，一切光彩将要归于黯淡，好景不长久，这是自然规律。

忆江南（其一）

1. “风景旧曾谙”一句，说明那江南风景之“好”不是听人说的，而是当年亲身感受到的、体验过的，因而在自己的审美意识里留下了难忘的记忆。既落实了“好”字，又点明了“忆”字。接下去，即用“日出江花红胜火，春来江水绿如蓝”一句生动描绘“旧曾谙”的江南风景。同时，“旧曾谙”三字暗示了作者的创作意图：以江南春景的繁丽映衬北方春景的寂寥。

2. 作者在诗中竭力追忆江南春景，从内心深处赞叹“江南好”，而在用生花妙笔写出他“旧曾谙”的江南好景之后，又不禁以“能不忆江南”的眷恋之情，收束全词。这个收束既托出身在洛阳的作者对江南春色的无限赞叹与怀念，又造成一种悠远而又深长的韵味，词虽收束，而余情摇漾，凌空远去，江南春景令人神往。

绝句二首（其二）

1. 第一二句色彩鲜艳，以江碧衬鸟翎的白，碧白相映生辉；以山青衬花葩的红，青红互为竞丽，景象清新，令人赏心悦目。“逾”字将水鸟借江水的碧色衬底而愈显其翎毛之白，而“欲”字，则在拟人化中赋花朵以动态，摇曳多姿。

2. 诗歌以乐景衬哀情，春光融洽，非但引不起游玩的兴致，却反而勾起了漂泊的感伤。

山亭夏日

1. 绿树浓荫、楼台倒影、池塘水波、满架蔷薇；悠闲自在。

2. 略。

溪上遇雨（其二）

1. 首句中“衔”字通过拟人的修辞手法描绘厚重的黑云间正酝酿一场“猛雨”。第二句“喷洒”直接表现了雨势之大之迅，动词运用可谓传神。

2. 本诗虽然只有四句，但节奏明快，很有意趣。“坐看”“忽惊”相呼应，表现了夏雨变化的间隔之短，“喷洒前山”“山前晚照”的对比也突显了雨脚多变，阴晴不定。

乡村四月

1. 绿遍山原；白满川；紧张繁忙。

2. 答案举例：“绿遍山原”，山坡是绿的，原野是绿的，草木葱茏，再加上纵横在田野间的河渠，水光映天，一“绿”一“白”，一“遍”一“满”，视觉上明媚动人；“子规声”即布谷鸟声，暗示即将迎来繁忙的农事；“才了蚕桑又插田”，刚刚结束种桑养蚕，又要投入繁忙的插秧中，一派忙碌。这些都是初夏典型的景物。

竹枝词（其一）

1. 少女猜测心上人是否对自己有情意，心情忐忑不安，既抱有希望，又隐隐担忧。“却有晴”点出“有情”，又可见少女的喜悦。

2. 第一层意思是说东边和西边晴雨不同；第二层意思是说郎在江上的踏歌之声到底是否有情，让女子捉摸不透。

渔歌子（其一）

1. 作者寄情于美丽的山水，流连忘返，不仅仅不愿意回到自己的小家，也不愿意回归黑暗的官场和名利的斗争中去。

2. 略。

赠汪伦

1. 李白 / 乘舟 / 将欲行，忽闻 / 岸上 / 踏歌声。桃花 / 潭水 / 深千尺，不及 / 汪伦 / 送我情。

2. 作者用了夸张和比喻的修辞手法，表现了作者和友人之间的情谊之深。

舟过安仁

1. 无雨都张伞

2. 诗人通过两个小孩天真、聪明、顽皮的行为以及行为中表现出来的孩子特有的奇思妙想、生活趣味的描写，刻画了无忧无虑、充满童趣的小童形象。

牧童

1. 前两句分别从视觉和听觉的角度，展现了牧童悠闲自在的生活场景；后两句主要写黄昏牧童放牧归来吃饱饭后，连蓑衣也不脱就随地躺下看着天上的新月，通过牧童的典型动作展现牧童随性自由的生活。全诗塑造了一个无牵无挂、自由自在的牧童形象。

2. 诗人描绘了原野的宽阔和乡村傍晚的寂静，通过塑造无牵无挂、自由自在的牧童形象，表达了对远离喧嚣、安然自乐的生活状态的向往之情。

菩萨蛮·书西江造口壁

1. 词人笔下的“水”，冲破重重障碍，一往无前地奔向大海，它是百折不挠的抗战派力量的象征。而词人笔下的“山”，则象征着抗战派面临的内外阻力。

2. 抒发词人忧念时局、感伤身世的苦闷心情。“深山闻鹧鸪”，深山独鸣的鹧鸪正是词人得不到理解和重用的寂寞心境的写照。“江晚”则借沉沉暮色暗示词人无边的愁苦。

冬夜读书示子聿（其三）

1. 刻苦努力，坚持不懈，早下功夫。

2. 通过实践，将书本上的知识运用起来。

早梅

1. 这首诗描绘了早梅洁白、生长环境清冷、凌寒独自开放的特点。

2. 首先是颜色相似，洁白如玉的早梅和雪一样颜色，让人产生错觉；其次是品格相近，早梅凌寒独自开放，高洁的品格如同雪一样。

夜泉

1. 月儿东升，清辉漫洒，山间被笼罩上一片素洁的银白，入巢的鸟忽被惊醒，忍不住惊叫起来。开篇一句无一“夜”字，却又处处围绕“夜”来写，“山白”的“白”字指夜月的银辉，“鸟忽鸣”正是受夜月的惊扰而致。诗人化用了王维的“月出惊山鸟，时鸣深涧中”意趣入诗，是那样的自然，无一点斧凿之痕，真是“羚羊挂角、无迹可求”（严羽《沧浪诗话》）。鸟的鸣叫打破了夜晚山谷的静寂，更反衬了诗人所处环境的清幽寂静，正因大自然万籁俱寂，鸟的叫声才传得很远很远。首句描绘了一幅月白风清、山谷沉寂、偶间惊鸟鸣叫的山中月夜图。

2. 诗人以白色为底色，把六种事物置于朦胧的月光中，不着浓艳的色彩，以淡雅素洁的冷色调铺陈画面，着意表现夜月流泉的神韵美。选境清幽，气氛爽肃，格调俊逸，文笔清丽，给人以闲静淡远恬适之感，仔细品来，韵味弥长，沁人心脾。从中不难体会出诗人也并非超然物外，他忘情地欣赏着，陶然地消受着。寂山、月华、冷石、流泉、溪雪，无处不搏动着诗人的心跳，无处不回荡着诗人的心声。他把主观的情思化入客观景物中，使雅淡清秀的景物，空灵闲寂的情怀，情景叠合，物我两融。

赠外孙

1. 王安石热切地希望外孙将来能够读书成材，于是就写了这首诗。一是为了表达对外孙的爱怜，二是对他进行教育和勉励。

2. 出自《庄子·天下》："惠施多方，其书五车。"旧时因称读书多为"学富五车"。这首诗充分抒发了作者对外孙的喜爱之情，揭示了培育后代，使之健康成长的方法，强调了博览群书对于成长的重要性。

牧童词

1. 早上太阳露出半边脸的时候，牧童就拿着自己的笛子，到水边放牛去了，他坐在牛背上吹着笛子，哼着小曲，一路来到了山谷。树林里飘起了绵绵细雨，牧童披上了蓑衣，折支芦管躺在绿草地上吹起了小曲儿。他在腰间插满蓬蒿做成的短剑，心想着再也不用怕猛虎来欺负牛犊了，嘴角浮起一丝得意的微笑。

2. 诗歌中的牧童为放牛早出晚归，勤劳而充满活力。在如丝的春雨中，牧童仰卧在莎草中吹笛，天真而快乐。为了防止"猛虎欺黄犊"，牧童胡乱插一些蓬蒿在腰间当剑，吓唬野兽、给自己壮胆，天真而机智。

嫦娥

1. 暗淡。

2. 嫦娥奔月。

画眉鸟

1. 动听的声音；生活环境的优美。（意思接近即可）

2. 自在。

望驿台

1. 香山。

2. A

题弟侄堂书

1. 律诗。

2. 少年辛苦终身事，莫向光阴惰寸功。

秋思

1. 游子漂流在外，逢秋之际，思乡之情自然更加强烈。寄托情感，表达牵挂，写家书无疑是较为常见的方式。然而纸短意长，本以为话已说完，封住信件，将要寄出，可转瞬又有新的念想，新的叮嘱，于是再次拆封，提起笔来。这一生活细节，日常中屡见不鲜，然而作者却用极为经济的笔墨，把它聚焦定格下来，于平常处，于精简处，见出寄信者情感兴起的波澜，体察其内心的复杂和丰富。

2. 从选材的角度来看，《秋思》叙写了人们较为熟悉的生活片段，很多人可能都有类似的生活体验，这些“看似寻常”，“成如容易”。在短短二十八个字里，作者“见秋风”而思家，由思家写信而“意万重”，不知从何说起，信已写毕，将要寄出，又恐有话还没提及，或还没说够，只得再次拆封提笔。诗歌表达由情感牵引，似乎一路之下，顺畅通达，极为简单容易。然而，“见秋风”而思家的典故运用，详绘写家书前后情感的纠结，而不写作家书的具体经过，以及后三句纯以描绘寄信者心理为要，这一切又都通过简朴如话的语言表达而成，如果没有深厚的艺术造诣，没有定稿之前的苦心经营，是不可能实现“最奇崛”的艺术效果的。

劝学

1. 诗题中的“劝”是“勉励”的意思，全诗围绕一个“劝”字，勉励年轻人要坚持学习，不断提升自己。一二两句勉励年轻人应昼夜勤奋苦读。三四两句勉励年轻人抓住青春时光，不要到老才后悔没有努力学习。

2. 两首诗都是勉励人们要趁着年轻及时努力，积极进取。从表达效果来看，本诗以“黑发”与“白首”借指“年轻”和“年老”，通过对比手法，突出读书学习要趁早，不要到老才后悔没有努力学习。相比“少壮”二句语言更为形象，更有感染力。

水口行舟二首

阳光总在风雨后，美好的事物及生命力不可遏制。

鸟鸣涧

1. 闲适、愉悦的语气。

2. 首先通过“人闲桂花落，夜静春山空”，直接书写环境的寂静空旷。而后通过月“出”以及山鸟的“惊”“鸣”，反衬出“夜静”，月“出”，有光无声，突出地表现了“夜静”，只从“春涧”中偶尔传来几声鸟鸣，令人感受到春山月夜空旷宁静之美。

问刘十九

1. 首句“绿蚁”二字着重描绘出了酒色。次句中的“红”字犹如冬天里的一把火，温暖了人的身子，也温热了人的心窝。“红”“绿”相映，色味兼香，气氛热烈，情调欢快。而“火”字则表现出炭火熊熊、光影跃动的情境，更给寒冬里的人增加无限的热量。

2. “能饮一杯无”，轻言细语，问寒问暖，溢满真情。用这样的口语入诗收尾，既增加了全诗的韵味，又余音袅袅。同时又创设情境，给读者留下无尽的想象空间。

泛吴松江

1. 天色已晚，夕阳的余晖从稀疏的苇蓬缝隙里漏进船舱，诗人在苍茫的江面上吟诵诗歌，不知不觉时光流逝，至今仍未过江。

2. 作者运用了拟人的修辞手法。诗歌赋予鹭鸶人的情态，鹭鸶如同知己一样知晓诗人的心思，频频对窗，使诗人在孤寂中获得宽慰。

或：作者运用了反衬手法。诗人用“唯有”鹭鸶“翘足对窗”来宽慰自己，反衬自己的孤独，表现了诗人被贬后的寂寞和苦闷。

过上湖岭望招贤江南北山

1. 运用了物与神游、境随心迁的妙理，比喻一个人学养的高深，也可用来表示学问的永无止境。

2. 诗题是写行人登山，极平淡的一件事，不说人登山之难，而说山与人争高，要写山高，却先说山低；要写山上，先写山下；要写登山难，先写望山易；先是人看山，后是山与人赛，最后是登山，山胜人。脚高山更高，这实际是暗示登山者急于翻山的迫切心情，叫人读后忍俊不禁，表现出一种幽默诙谐、轻巧俏皮的艺术风格。

绝句

1.“扶”字运用了拟人的修辞手法，明明是诗人拄着藜杖，却说“杖藜扶我”，赋予藜杖以人的情态，仿佛诗人的游伴，默默无言地扶人前行，给人以亲切感、安全感，从而更好地表现出诗人春游时的愉悦心情。

2. 诗歌三四两句情景交融。诗人置身于春日雨润杏花，风拂杨柳的美景之中。春雨似有若无，轻柔润泽，春风轻拂，给人以温暖惬意的美好享受。作者通过描绘了一幅充满生机的春日景象，抒发了拄杖出游的快乐之情。

雨晴

1. 诗歌前两句扣住象征春色的“花”来写春景。以雨前花蕊初绽，雨后只剩满树绿叶两种截然不同的情景的对比，透露出作者的惜春之情。

2. “疑”字不仅把蜜蜂、蝴蝶追逐春色的神态，写得活灵活现，更把“春色”写活，似乎“春色”真的“有脚”，跑到邻家去了，从而透露出作者内心对春色的留恋不舍之情。

富春至严陵山水尤佳

1. 首句运用比喻的手法描写临岸之山。近处之山，苍翠欲滴，色彩浓郁，水中浮动的倒影恰如春云的变幻多姿；而远处之山被雾气阻隔，越远越淡，恰如缥缈的轻烟。富春江就穿行在这样富有诗情画意的翠山之间。

2. 这两句诗准确地抓住了观景时的瞬间感受来写。落日余晖，山水相映，碧如翡翠，诗人仿佛感受到翠色紧紧地追随着他，甚至将要涌上船头，画面极富色彩感和动态感，笔调清新活泼，表现出了富春山水的鲜活生命力，让读者身临其境。

海棠

1. 视觉、嗅觉；高洁柔美。

2. 良辰易逝、盛世不再。

编写者名单

（按姓氏笔画为序）

丁蕾蕾　上海市大宁国际小学
王　凯　上海市彭浦初级中学
王艺睿　华东理工大学附属闵行科技高级中学
王文岚　上海师范大学附属中学闵行分校
王志成　上海市徐汇中学
王琳妮　复旦大学附属中学
王想龙　上海市崇明区教育学院
亓祥银　上海市格致中学
平丽娜　上海市黄浦区曹光彪小学
申　龙　复旦大学附属中学
史佩佩　上海交通大学附属中学
乐燎原　上海交通大学附属中学
朱洁文　上海市晋元高级中学
华卫民　上海市位育中学
刘鹏程　同济大学附属实验中学
许正芳　上海市嘉定区第二中学
孙　悦　上海交通大学附属中学
严　婷　上海闵行区协和双语教科学校
李　阳　华东师范大学第二附属中学紫竹校区
李卫华　北京外国语大学附属上海闵行田园高级中学
李星霖　华东理工大学附属闵行科技高级中学
杨俊杰　上海市市西中学
杨等华　上海市市北中学

吴志锋　上海市第六十中学
岑　哲　上海市七宝中学
何　娟　上海外国语大学闵行外国语中学
余勇超　江西省婺源县清华中学
沈文婕　上海交通大学附属中学
张　奕　上海市金汇高级中学
张　硕　上海市七宝中学
张　燕　上海中医药大学附属浦江高级中学
张华中　上海市格致中学
张庆雪　上海市闵行三中
张骏逸　上海市市北中学
张慧腾　复旦大学附属中学
陈金华　北京市丰台区丰台第二中学
杭起义　浙江省杭州市采荷中学（教育集团濮家校区）
欧阳华　上海交通大学附属中学闵行分校
竺海燕　上海市闵行中学
金　怡　上海交通大学附属中学
金　瑜　华东师范大学附属东昌中学
周佳俊　上海市控江中学
郝景鹏　上海市位育中学
柳苏琴　上海市市西中学
秦　岭　上海市第三女子中学
夏　敏　华东理工大学附属闵行科技高级中学
顾光宇　上海市市北中学
顾毓敏　上海市宝山区乐之中学
倪俊娟　上海市崇明区城桥中学

高翀骅　上海市格致中学
谈永康　上海市松江区教育学院
龚　侃　上海交通大学附属中学
彭　音　上海市北虹高级中学
韩立春　上海市市北中学
程夕琦　上海市市北中学
程秀全　江西省大余中学
臧　娜　上海闵行区协和双语教科学校
缪黎明　上海市闵行区北桥中学

图书在版编目(CIP)数据

小学教材同步古诗文集评/陈军主编. —上海：上海辞书出版社，2021
ISBN 978-7-5326-5822-0

Ⅰ. ①小…　Ⅱ. ①陈…　Ⅲ. ①古典诗歌-中国-小学-教学参考资料②文言文-小学-教学参考资料　Ⅳ. ①G624.203

中国版本图书馆 CIP 数据核字(2021)第 196273 号

XIAOXUE JIAOCAI TONGBU GUSHIWEN JIPING

小学教材同步古诗文集评

陈　军　主编

责任编辑　辛　琪
装帧设计　王铁颀
责任印制　楼微雯

出版发行　上海世纪出版集团
上海辞书出版社(www.cishu.com.cn)
地　　址　上海市闵行区号景路 159 弄 B 座(邮政编码：201101)
印　　刷　上海中华印刷有限公司
开　　本　890×1240 毫米　1/32
印　　张　9.75
字　　数　232 000
版　　次　2022 年 2 月第 1 版　2022 年 2 月第 1 次印刷
书　　号　ISBN 978-7-5326-5822-0/G·1104
定　　价　29.80 元